プレイングマネジャーの

# 仕事の任せ方大全


プライマリ・パートナーズ代表
研修講師／組織コンサルタント
加藤定一
TEIICHI KATO


THE ULTIMATE GUIDE TO
HANDS-ON MANAGEMENT


三笠書房

こんな悩み、ありませんか？

部下に仕事を任せず、**自分で抱え込んでいるので毎日が忙しい……**

「自分でやったほうが早い」と思い、仕事を**部下に任せられない……**

部下に仕事を任せたいが、**どうやって任せればいいのかわからない……**

部下に仕事を**任せたあとの、関わり方がわからない……**

任せた**仕事の評価方法がわからず、困っている……**

初めて部下を持ったので、**育成方法がわからず不安……**

自分がマネジャーになったとき、**右のような悩みを抱えたくない……**

これらの悩みを一つでもお持ちなら、**本書は「あなたのための一冊」**です。

# はじめに

## 仕事を任せないマネジャーたち

ビジネス環境の複雑化に伴い、マネジャーの業務もまた複雑化・多様化しています。このような状況下で、「仕事を部下に任せる」という行為は、マネジャーにとって非常に重要です。もし、仕事を部下に任せずに自分で抱え込んでしまうと、マネジャー本来の役割を果たすべき業務が疎《おろそ》かになり、複雑化するビジネス環境に対応することが困難になるからです。

しかし、多くのマネジャーは「仕事を任せる」という行為について、自分は十分にできていないと認識しているようです。実際、私が実施するマネジメント研修に参加したマネジャーたちも例外ではありませんでした。彼ら／彼女らに「なぜ仕事を任せないのか？」とその理由を尋ねると、以下のような回答がありました。

- **任せるよりも、自分でやったほうが早い**

- 部下が失敗した場合、そのフォローに余計な時間がかかる
- 部下に任せると、完成度が低いのが気になる
- どの仕事を任せてよいのかわからない
- 任せる準備をする時間すらないほど忙しい

これらは、多くのマネジャーが抱える「心の声」として共感できる部分もありますが、必ずしも正しい考え方とは言えません。

## 「自分が頑張ればいいや」という勘違い

仕事を部下に任せないマネジャーは、常に多忙です。ただでさえ責任の重い仕事を数多く抱えている中で、日々発生する業務にも自分で対応しているのですから、それも無理のないことです。

こうした状況下のマネジャーにとって、次のような日常は珍しくないかもしれません。

- 雑務に追われ、部下とまったく会話をしないまま一日が終わった
- 他部署からの緊急の要請に対応した結果、本来やるべきだった仕事が手つかずだった
- 取引先からの急なクレーム対応で急遽、部下の評価面談ができなかった

これらの出来事は、ストレスを増大させる要因でしょう。

しかしその一方で、こうした忙しい日々の中でも、目の前の仕事をこなし、関係者から感謝された日があるかもしれません。そんな一日の終わりに飲むビールは、解放感や達成感にあふれた「至福の一杯」でしょう。


ビールの「一口め」を飲み終えたとき、ついこうつぶやいてしまうかもしれません。

「ああ、今日も頑張ったな、俺（私）……」

まさにこの瞬間です。

おいしいビールに誘発されたこの言葉が引き金となって、次のような自分との対話が始まるのです。

- 確かに、部下とまったく会話できなかったけれど、雑務は片づいた！
- やろうと思っていたことはできなかったけれど、緊急の要請に応えられた！
- 部下の評価面談はできなかったけれど、取引先のクレームへの対応はできた！
- こうした業務に対応できるのは自分だからこそだ。自分はよくやっている！
- こんなふうに、日々の業務に対応するなんて誰にでもできることではない。すごいことだ。
- 今後もこうやって自分が頑張ればいいんだ。だって、私ならできるから……。

しかし、ここに大きな落とし穴があります。

この「自分が頑張ればいい」という考え方は、一見前向きに思えるものの、実は「間違った悟《さと》り」です。

それなのに、この間違った悟りに納得しながら、２本めのビールの栓を開けるマネジャーのなんと多いことか。

断言します。

「忙しくても自分が頑張ればいい」という考え方は、あなたに思考停止をもたらす危険な勘違いです！

## 本書執筆の理由

はじめまして。私は加藤定一《かとうていいち》と申します。

企業勤務のビジネスパーソン向けに独自の研修を行なう研修講師として活動しています。

約32年間にわたる企業勤務では、営業、営業企画、人材育成の部門を経験し、２０１８年に独立しました。それ以来、一社研修や公開研修を通じて、これまで延べ５０００人以上のビジネスパーソンに対してリーダーシップや営業スキルに関する研修を実施してきました。

こうした研修の現場で、多くのマネジャーと向き合う中で、次のような課題が浮き彫りになりました。

- **多くのマネジャーが部下に仕事を任せられず、常に「多忙」という課題を抱えていること**
- **その課題解決が会社全体で支援されず、「本人の努力」に依存していること**
- **「本人の努力」は多くの場合、「自分が頑張る」という対症療法にとどまっていること**

このような状況が続くと、チーム全体の生産性は間違いなく低下します。実際、すでに生産性が大きく落ち込んでいる職場も少なくありません。

仕事を任せることは、マネジャーにとって最重要であり、基本中の基本ともいえる業務です。

しかし、それが適切に行なわれていない現状は、マネジャーのみならず、組織全体において重大な問題です。

しかも、早期の解決が必要な問題です。

本書を執筆しようと決意した理由は、まさにここにあります。

多くのマネジャーが抱える「仕事を任せられない」という課題を解決するための、実践的な知識と方法を速《すみ》やかに提供するには、書籍化が非常に有効だと考えたからです。

**本書の構成**

## 戦略的業務指示フェーズ

※部下に戦略的業務指示をするまでの段階

### 仕分けステージ

- 第１章　自分の仕事を分析する
- 第２章　任せる仕事を決める

### 業務指示ステージ

- 第３章　任せる部下を決める
- 第４章　仕事を任せる

↓

## 部下育成フェーズ

※任せた仕事で部下を育成する段階

### 支援ステージ

- 第５章　業務遂行状況を把握する
- 第６章　業務遂行に介入する

### 評価ステージ

- 第７章　成果確認と評価面談準備
- 第８章　評価面談で育成する

ただし、「仕事を任せる」という行為は、マネジャーにとってあくまでも「手段」であり、マネジャーの「最終目的」は、「組織への貢献」や「部下の育成」です。

本書では、この視点を踏まえ、「仕事を任せる方法」だけでなく、「任せたあとの部下の育成」についても体系的に解説しています。

この考え方は、本書のキーワードである**「戦略的業務指示」**という言葉に投影されています。「戦略的業務指示」とは、**組織目標の達成のみならず、部下の育成を明確に意図して計画的に出す指示**のことです。単なる業務指示とは明確に区別していますので、ご承知おきください。

この書籍を通じて、マネジャーの皆さまがチームの生産性を向上させ、自身の負担を軽減し、より優れたリーダーシップを発揮できるようお役に立てれば幸いです。

## 本書の「特徴とメリット」

- 仕事を任せて部下を育成する手順を、**時系列の8章立てで紹介**しているので、単発の知識でなく**一連の流れとして理解**することができます。
- 仕事を任せて部下を育成する手順を、**ケースを通して紹介**しているので、理論だけでなく**実際の**

**進め方を理解**することができます。

・仕事を任せる部下との**実際の対話例**を具体的に示しているので、**具体的なコミュニケーションのヒント**になります。

・本書で紹介した**テンプレートはダウンロード可能**なので、学習した内容を**そのまま実務で実践**することができます。

ただし、このような価値を得るためには、次の**3つのマインドセット**と**4つの覚悟**が必要です。

## 3つの「マインドセット」

### ①仕事は部下を育成する最良のツールだと心得る

あなたにとって「部下に仕事を任せる」ことはどんな意味を持っているでしょうか？

部下を持つマネジャーにとって重要な認識は、**「仕事は部下を育成する最良のツール」**だということです。

このことをしっかり心に留めていれば、今後あなたが仕事を部下に任せるときの心情は、「この部下はこの**仕事を完遂してくれるだろうか？**」ではなく、「この部下はこの**仕事で成長してくれる**

**だろうか？」**となるはずです。

あなた自身も実際の仕事を通して成長し、今の地位を得ているはずです。部下にも同じような経験をさせるべきです。もしも的確に仕事を任せられなければ、部下の成長は望めないということです。

**部下をよりよく育成するのは、「あなたが任せた仕事」です。**

その意味において、「あなたが任せた仕事」は、部下を成長させるためにあなたが送り込んだ「エージェント」のようなものです。

## ②「仕事を任せる」は、「仕事を振る」ではないと心得る

「仕事を振る」という表現がありますが、私は仕事を「任せる」と「振る」はまったく違うと考えています。

「仕事を振る」という表現には、上司の「自己都合」が垣間見えます。**自分が大変だから誰かに助けてほしい**という「自己都合」です（厄介者を振り払っているイメージです）。

したがって、仕事を振る相手は「その仕事をできる人なら誰でもいい」という考えになりがちです。

そのような仕事の振り方をしていると、振られたほうも「わっ！　運が悪かった……」「適当に

終わらせよう」という気持ちにもなるでしょう。当然その仕事に対する当事者意識や主体性を持つことは困難でしょうし、その仕事を通じた成長も、あまり多くは期待できません。

もちろん、雑務で多忙になったマネジャーが一時的に「業務を振る」ことはあっても構いません。しかし、それと部下育成のための「業務指示」とは別ものと考えなければいけません。

たまに「私は仕事を部下にバンバン投げていますよ」と得意満面のマネジャーを見かけますが、「振った仕事」では部下は育ちません。

**「あなたのために仕事を振る」のではなく、「部下のために仕事を任せる」**必要があります。

## ③「できない仕事」を任せる必要がある

できない仕事を任せる、と言うと語弊があるかもしれませんので、正確に言うならば、**その部下の実力では簡単には成功しないかもしれないが、努力をすれば成功する可能性のある仕事を任せる**ということになります。

マインドセット①で「仕事は部下を育成する最良のツール」とご案内しましたが、その部下が「ラクラクと遂行できる仕事」は部下を成長させません。努力や苦労をしてこそ「成長」することができます。

しかしながら実際のマネジメントの現場では、

- **こんな仕事は部下には無理ではないか？**
- **こんな仕事を頼んだら「できません」と断られるのではないか？**
- **こんな仕事を頼んだら、ハラスメントだと思われはしないか？**

……などと考え、結局「簡単にできる仕事」を指示するに留まっているマネジャーが少なくないのです。

このような態度は改善する必要があります。

**部下を育成するのは、「その部下の努力が必要な仕事」**と考えましょう。

## 4つの「覚悟」

以上のような3つのマインドセットを自らの根底に据えるためには、さらに4つの覚悟が必要です。

### 覚悟その① 任せると決める

ここまでお読みいただいた通り、仕事は**任せなければなりません**。そこに**選択肢はありません**。

異論はあるかもしれませんが、もう覚悟を決めましょう。「任せる」と決めてください。

### 覚悟その②面倒くささを受け入れる

部下にしっかりと業務指示をすることは、やはり多少の面倒くささが生じます。

部下に業務指示をする時間があるなら、自分でやったほうが早いと思うからでしょう。しかし、「任せる」と決めた以上、その面倒くささは受け入れなければなりません。

### 覚悟その③一時的な業績の停滞を受け入れる

多くの場合、仕事を任せた部下は、あなたのように上手に進めることはできません。

任せたあとのサポートに多くの時間がとられることもあるでしょう。また、仕事の最終成果も、あなたが期待したレベルに満たないことも多いはずです。しかし、このような事態は「部下に仕事を任せない」ことの理由にはなりえません。

一時的な生産性の低下や、業績の停滞を覚悟しておく必要があります。

### 覚悟その④部下の失敗を受け入れる

部下に仕事を任せれば、未熟さゆえに失敗することもあるでしょう。

しかし、その失敗は受け入れるべきです。なぜなら私たちは、成功よりも失敗からより多くを学ぶことができるからです。

あなたは、部下を成長させるためにその仕事を任せたのです。

その見地に立てれば、部下が失敗したときのあなたは「苦渋の表情」ではなく「ちょっと笑顔」

かもしれません。

以上、３つのマインドセットと４つの覚悟とともに、仕事を任せて部下を成長させるマネジャーになるための旅に出ましょう。

あなたの部下マネジメントのバージョンアップを開始します。

もくじ



戦略的業務指示フェーズ
**仕分け**

# 第1章 自分の仕事を分析する

## 第2章 任せる仕事を決める

戦略的業務指示フェーズ
業務指示

# 第3章 任せる部下を決める

## 第4章 仕事を任せる（戦略的業務指示）

部下育成フェーズ
支援

第5章

# 業務遂行状況を把握する

# 第6章 業務遂行に介入する

部下育成フェーズ　評価

## 第7章　成果確認と評価面談準備

# 第8章 評価面談で育成する

企画協力　糸井 浩
本文デザイン・DTP・図版作成　佐藤 純（アスラン編集スタジオ）

# 第1章

# 自分の仕事を分析する

戦略的業務指示フェーズ

- 仕分けステージ
- 業務指示ステージ

▼

部下育成フェーズ

- 支援ステージ
- 評価ステージ

## 任せる仕事の選定から任せるまでの流れ

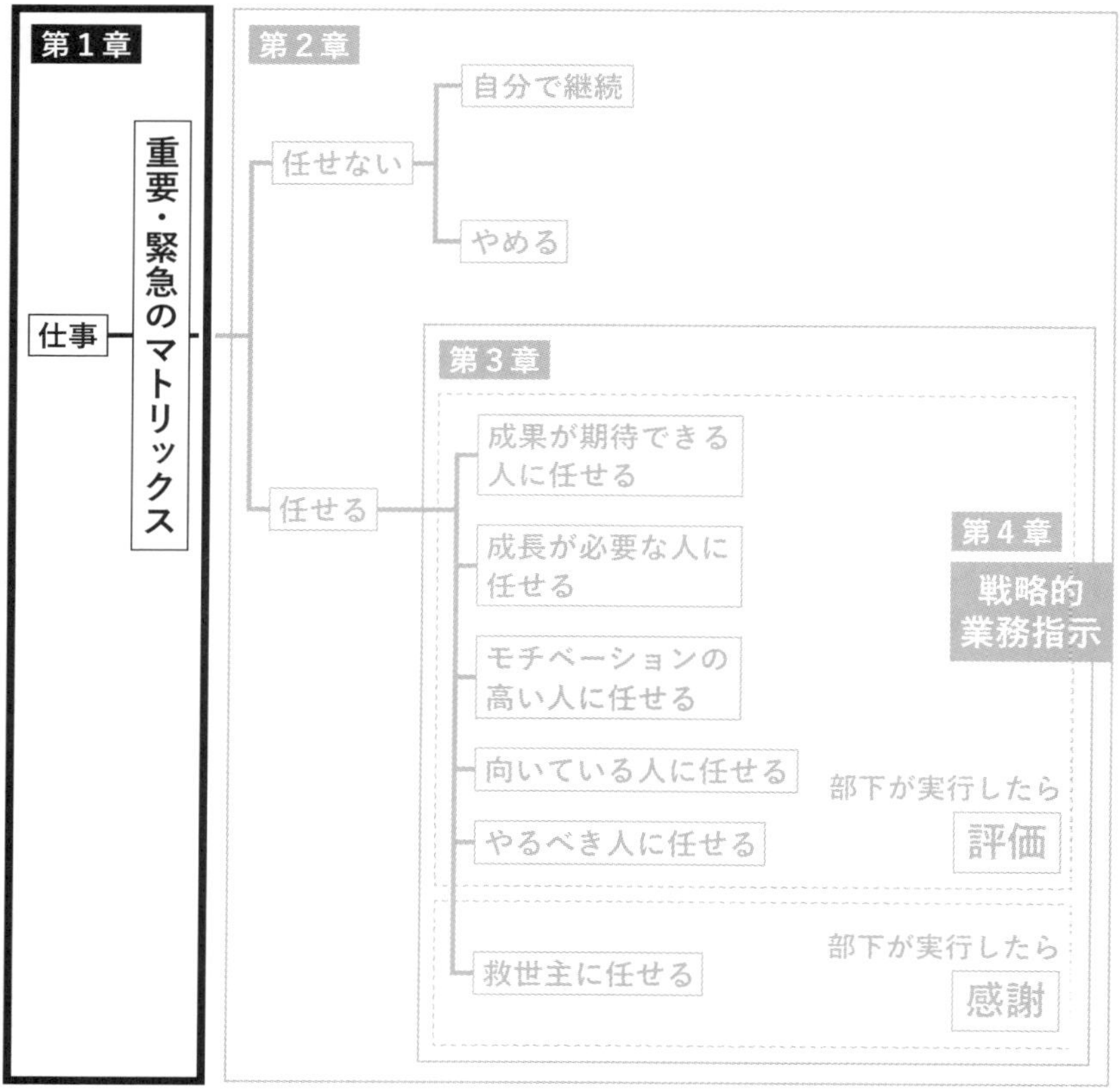

# 「自分の仕事だ」と思っている仕事の多くが、本当は自分の仕事ではない

私たちは皆「自分の仕事」を持っています。「あなたの仕事はなんですか？」という問いには、すべての人が回答できるはずです。しかし、多くのマネジャーは、次の質問に「はい」と即答できません。

**「その仕事は、本当にあなたがやるべき仕事ですか？」**

あなたは「はい」と答えられたでしょうか？　私の研修講座にご参加いただいた多くのマネジャーの中で「はい」と答えた方は、少数でした。

この事実をもとに、私たちが改めて考えるべきことは、**「やるべき仕事」と「やっている仕事」には大きな誤差があるということです。**では一体なぜ、このような誤差が発生するのでしょうか。

**「やるべき仕事」**は、「職務記述書」を見れば明文化されているはずです。例えば、某社営業マネジャーの「職務記述書」には、「適切な経営戦略の策定にあたり、外部・内部環境を正確に分析する」

という一節があります。いかにも職務記述書らしく「厳格さ」や「正当性」を感じる一方、非常に抽象的であり、具体的に何をすべきなのかは明確ではありません。

職務記述書とは概してそういうものですから仕方がないとはいえ、その抽象性ゆえに、次のような状況を生じさせる可能性があります。

- **外部環境分析が得意なAマネジャーは、「外部環境分析」が多めになる**
- **内部環境分析が得意なBマネジャーは、「内部環境分析」が多めになる**
- **このような分析が得意なCマネジャーは、自分で細かく分析する**
- **このような分析が苦手なDマネジャーは、部下の一人にそれを任せる**
- **このような分析が苦手なEマネジャーは、この一節を無視する**

同じ職務記述書をそれぞれが都合よく解釈することで、まったく違う仕事をするマネジャーが誕生しています。

さらに興味深いのは、「この一節を無視したEマネジャー」を除く4人のマネジャーは**「私はこの職務を立派に果たした」**と自己評価するであろうという点です。

Aマネジャーは「内部環境分析」を一切しなかった点になんの後ろめたさも覚えず、「外部環境分析」に関する分厚いレポートを前に「達成感」を覚えているはずです。

Ｂマネジャーは「今の時期は内部環境分析が最優先だ」という持論をもとに、Ａマネジャーを批判するかもしれません。

Ｃマネジャーは「こんな重要なことはマネジャーの仕事だ」と多くの時間を使い、自ら対応し、Ｄマネジャーは「こういうことは長谷川君が得意だ」と部下の一人に業務指示をするかもしれません。

私たちはこのようにして「自分のやるべき仕事」を自分自身の「価値観」や「自己都合」などによって歪《ゆが》め、「自分の現在の仕事」を構成しているのです。

この事実を受け止め、「自分の現在の仕事」に対する**解像度を上げていく**ことは、あなたの「マネジャー業務の再定義」に大きく貢献するはずです。

# 自分の仕事を見直す「重要・緊急のマトリックス」

自分の仕事の解像度を上げるためには、「重要・緊急のマトリックス」が役に立ちます。

このマトリックスでは、私たちの仕事を「緊急度と重要度」の切り口で、次の4つの領域に分類しています。それぞれの内容を見てみましょう。

**〈第1領域〉重要で緊急な仕事（即時対応）**

締め切り直前の仕事、クレーム対応、差し迫った問題への対処など、『即時対応』が必須となる仕事。

**〈第2領域〉重要だが緊急ではない仕事（将来への投資）**

戦略立案、部下育成、自己研鑽、健康管理、人間関係づくり、業務改善など、『将来への投資』といえる仕事。

**〈第3領域〉緊急だが重要ではない仕事（他者都合）**

**重要・緊急のマトリックス**

| | 緊急性高い | 緊急性低い |
|---|---|---|
| 重要性高い | **第1領域 即時対応**<br>**重要で緊急**<br>クレーム対応など | **第2領域 将来への投資**<br>**重要だが緊急ではない**<br>予防・準備など |
| 重要性低い | **第3領域 他者都合**<br>**緊急だが重要ではない**<br>無意味な接待など | **第4領域 時間の浪費**<br>**重要でも緊急でもない**<br>だらだら電話など |

取引先の突然の来訪、重要でない会議、無意味な接待、断りきれない依頼への対応など、『他者都合』によってやらざるをえなくなった仕事。

**〈第4領域〉重要でも緊急でもない仕事（時間の浪費）**

不要な書類整理、過剰な資料作成、形だけの業務報告書作成、だらだら電話など、業務成果や個人の成長にほとんど貢献しない『時間の浪費』といえる仕事。

この「重要・緊急のマトリックス」の考えをベースに、あなたの業務の解像度を上げていきましょう。

4つの領域について少し順番を変えて、第1→第3→第4→第2領域の順に見ていきます。

次の問いを頭の片隅に置きながら、読み進めてください。

**私は、どの領域の仕事に多くの時間を使っているだろうか？**

# 第1領域　重要で緊急な仕事（即時対応）

第1領域の仕事は、重要で緊急な仕事です。

重要な仕事なので、とても生産的で価値があるように思えますが、実は必ずしもそうとは言えません。

第1領域に属する主な仕事を3つのカテゴリーに分類して、詳しく見ていきましょう。

## カテゴリー1：発生した「重大問題の解決業務」

カテゴリー1は、発生した重大な問題や危機に対する解決業務です。

**顧客からのクレーム対応、重要な設備の故障修理、突発的な人員不足への対応、災害事故対応、コンプライアンス案件への対応**などがこれにあたります。

これらは放置できない「重大危機」なので、即時解決が必要です。

また、重大問題であるがゆえに「失敗」は許されないことが多い業務です。

したがって、**「これは困った。早く対処しないとまずい」「しくじったら大変なことになるな……」**という気持ちで業務遂行をすることが多いでしょう。相当なストレスや緊張感の伴う業務です。

さらに、心の奥には**「なんで、こんなことになったのか？」「よりによって、こんな忙しいときにどうして？」**というような気持ちもあるかもしれません。

それもそのはずです。このカテゴリーの仕事の**発生因子は自分以外**であることが多く、「巻き込まれた」「やらされている」などの**被害者意識**を感じがちだからです。

他方、このような解決業務を実施しているマネジャーは、「窮地を救う頼もしいマネジャー」なので「やっぱりマネジャーはすごい！」というような称賛を得ることもあるでしょう。そのため、解決業務終了後は、一定の充実感・達成感を覚えるはずです。

しかし、その感情に甘んじて「ヘルパー」を続けていると、**日々新たに発生する問題に翻弄され続けます。**

また、このカテゴリーの業務は突発的に発生することが多いため、**「本来予定していた業務」を犠牲**にしています。

したがって解決業務終了後は、「溜まった仕事」を前にうんざりするということが起きがちです。

犠牲にした仕事が、3日間かけてしっかり作成しようとしていた「企画書」だったとすれば、それを2日間で仕上げなくてはならなくなります。当然、企画書の質は低下します。マネジャーの評価も落ちるでしょう。実にもったいない話です。

**以上のことから、このカテゴリーの業務は「極力なくしたい業務」だと考えられます。**

## カテゴリー2：先延ばしの代償「間に合わせ業務」

カテゴリー2は、締め切り間際で、間に合わせ的に遂行する業務です。**期限ぎりぎりのレポート提出、忘れていた経費精算、間に合いそうもないので適当に作成した業務指示書**、などがこれにあたります。

**「時間がないから仕方ない、とりあえず体裁だけは整えて提出しよう」**という思いで実施することが多いでしょう。

**「もう少し早く着手すべきだった」「あと一日あればよかったのに」**と、反省や後悔の気持ちも感じているかもしれません。

このカテゴリーの仕事の発生因子は、「先延ばし」ですが、先延ばしには3つの種類があります。

一つめは「面倒だから明日やろう」といった**怠惰な先延ばし**です。面倒くさがりで、横着なビジネスパーソンの得意技です。来る日も来る日も、「実行するのは明日だ」と意思決定をし、「今日はやるぞ！」という日がなかなか来ません。

二つめは「しっかり時間をかけたいからあとでやろう」といった**完璧主義からくる先延ばし**です。そういう人たちは、「この仕事をするにはじっくり取り組む必要がある。今はバタバタしているので、もう少し落ち着いてから着手しよう」と考えています。つまり、彼ら／彼女らなりの完璧な意思決定のもと、胸を張って先延ばししているのです。

三つめは「いつでもできるから、あとでやろう」という**過信による先延ばし**です。自分に自信があるビジネスパーソンに発生してしまう先延ばしです。

与えられた仕事を大雑把に見積もって、**「私なら3日もあればできるから、今日はまだやらなくてもいい」**と考えてしまいます。

どの先延ばしも、その代償として発生した「間に合わせ業務」の成果は、多くの場合「低品質」です。したがって、成果を受け取った側は「これは期待していた内容と違うな……」「あれ、彼はこの程度の仕事しかできない人だったのかな？」と残念がり、実行者への評価を下げるかもしれません。

実行した側も、それが間に合わせ業務だということを自覚しているので、充実感や達成感を覚えることはないでしょう。

**明らかに、このカテゴリーの仕事も「極力なくしたい業務」です。**

## カテゴリー3：準備万端で迎えた「価値ある本番業務」

十分な準備、勉強、練習を重ねた上で実行する「価値ある本番業務」です。

このカテゴリーの業務は、まさに「**ひのき舞台**」ともいえる価値ある業務です。

**重要な商談、製品説明会などでのプレゼンテーション、重要な会議開催、部下との重要な面談、社会貢献イベントへの参加、**などが該当します。

**「この日のために頑張ってきた。よし、やるぞ!」**という気持ちで業務に向かっているでしょう。

**当然ながら、このカテゴリーの業務は、減らす対象ではありません。**

以上ご案内した通り、第1領域に属する業務のうち、生産的で価値のある業務はカテゴリー3の「価値ある本番業務」だけです。

それ以外のカテゴリーの業務に多くの時間を使っているマネジャーは、「日々、問題に振り回されて疲れていたり、虚《むな》しさを覚えながら業務を遂行していたりする可能性が高い」と言えます。

※ここにご紹介した3つのカテゴリーは、ビジネスシーンでしばしば生じる仕事に着目して分類しています。これらのカテゴリーに属さない第1領域の仕事を否定するものではありません。

## 第3領域　緊急だが重要ではない仕事（他者都合）

第3領域の仕事は、「緊急だが重要ではない」仕事です。

普通に考えれば、重要ではない仕事をする必要はまったくありません。しかし、それでもわれわれはそれに時間を使ってしまいます。なぜそのような不可解なことが起きるのでしょうか？

それは、われわれが**「錯覚」**に陥っているからです。

第3領域の仕事は、「重要ではないのに、**重要だと錯覚している**、緊急性の高い仕事」ということができます。では、われわれが陥っている錯覚の正体はなんなのか？

第3領域を3つのカテゴリーに分類し、それぞれの定義と「錯覚ポイント」を見ていきましょう。

### カテゴリー4：「急な要望」への対応

このカテゴリーの業務は、上司、同僚、部下、他部署、顧客など、他者からの急な要望への対応です。

自分自身にとっての実行価値は低いため、本当は**断りたいのに引き受けてしまった**業務です。**「なんだよ、忙しいのに……。しょうがないな〜」**と感じながら実行することになるでしょう。

**錯覚ポイント**

「他者からの要望」に対応してあげたら、通常は相手から感謝されます。「このたびはありがとうございました。またよろしくお願いします！」などと満面の笑みで感謝されれば、「貢献実感」を覚えるでしょう。ついつい気持ちよくなって、「いえいえ、いつでもどうぞ！」などと言ってしまいがちです。

ビジネスパーソン同士の美しい一シーンにも見えますが、あなた自身の生産性に着目すれば苦々しい一シーンかもしれません。

このように「他者への貢献実感」が強いと、その業務を「重要」と錯覚しがちです。それは相手にとって重要な業務なのであって、あなたにとっては重要ではありません。

**このカテゴリーの業務も、極力なくすべき業務です。**

## カテゴリー5：価値の小さい「定型・定例業務」

このカテゴリーの業務は、効果や意義を特に考えず、なんとなく行なっている定型・定例の業務です。

**定例会議への参加、定型の報告書作成、形だけの書類チェック、無駄な承認プロセス、古い顧客管理システムの運営、**などがこれにあたります。

それらの仕事は、元々は価値のある仕事だったはずですが、その価値は時間の経過とともに稀薄化しているかもしれません。その業務の、今日における価値を検証することなく、ひたすら継続しているならば問題です。

このような業務の実行中は、**「この仕事、意味ないでしょ？　まあ、仕方ないからやるけど……」**という気持ちになっているかもしれません。

**錯覚ポイント**

昔からの慣習やイベントは、その真価を点検されることなく尊重され、「重要」と錯覚されがちです。

このような価値観は組織の中に内在（時には「君臨」）するものなので、いわゆる「同調圧力」が働きやすくなります。その結果、多くの人が「この仕事は意味あるのか」と心では思っていても、正面切って問題提起をする人は滅多にいません。

このような「検証されない定型業務」は、慣習として今後も継承される可能性があります。

このカテゴリーの業務は、まずは現時点での意義を検証し、その結果、**意義が見いだせないようなら廃止または変更を検討すべき業務**です。

## カテゴリー6：抱え込みの代償「付帯業務」

部下に業務を委任せず、一人で業務を遂行しようと考えた結果、自分が対応せざるをえなくなった付帯業務。例えば、会議の運営を自分一人でやろうとしたときの、**会議室の手配、弁当の手配、資料のコピー**などが該当します。

このような業務の実行中は「**誰かに依頼しておけばよかったけれど、急に頼むのも気が引けるし、それほど時間がかかるわけでもないから自分でやろう**」というような気持ちになっていることでしょう。

**錯覚ポイント**

「この程度の作業を実行しても大した影響はない」と考えるのは、錯覚の可能性があります。得てしてそういう付帯業務は、「実際に費やした時間」以上に、あなたの**精神的な時間**を奪っているものです。

例えば「会議資料のコピー」は、実際にやってみたら10分で終わるかもしれませんが、「会議の資料を準備しなければならないな」という「心への負担」は、主業務に対する集中力を阻害しています。

このカテゴリーの業務も**極力なくすべき業務**です。

以上、第3領域の3つのカテゴリーをご紹介しましたが、すべてに「錯覚」が隠れていました。

カテゴリー4：「急な要望」への対応……他者貢献度の高い重要な業務だという錯覚
カテゴリー5：価値の小さい「定型・定例業務」……伝統や慣習だから当然重要だという錯覚
カテゴリー6：抱え込みの代償「付帯業務」……これくらい自分でやっても問題ないという錯覚

このような「錯覚」を通じて、私たちは**第3領域の仕事から逃れられずにいる**のです。
それどころか、時には第3領域の仕事を**積極的に実行**しています（なんということでしょう！）。

## 私たちは第3領域の仕事を好んでいる？

こんなケースを考えてみてください。

消費者対策室のマネジャーAさんは、今日の重要な予定として「上半期の業務報告書作成」を考えています。

しかし、Aさんはそのような報告書作成が非常に苦手です。本来なら3日前には完成させておくべきものだったのですが、怠惰な先延ばしを重ねた結果、本日まで持ち越してしまいました。

「面倒だけどさすがに今日は、やらないとなあ……」と思っています。

しかし、そう思っていたところに「顧客のクレーム対処に関して専門家の視点でレクチャーしてほしい」というような依頼が営業部から入りました。

Aさん個人にとっては、「重要な仕事」ではありません。特に本日における優先順位は、相当下がるはずです。よって依頼を当然お断りして報告書を作成すべきなのですが、Aさんは相談に対応してしまいます。「報告書は明日書こう……」とつぶやきながら。

このような不思議な意思決定は、しばしば観察されます。なぜでしょうか？

Aさんは誰かに聞かれれば、きっとこう弁明するはずです。

**「報告書の作成をしたかったのですが、避けられない『急な相談』が入ったので、今日はできませんでした」**

この言葉を聞く限り、『急な相談』を迷惑なことのように表現していますが、Aさんの本音は違います。報告書を書くのが面倒で仕方のなかったAさんにとって、その相談はむしろ『好都合』だったのです。

傍目には愚《おろ》かとしか言えない状況ですが、このような誤った意思決定は、ビジネスシーンでは頻発しています。私たちは、第３領域の仕事を、**自分の意思で選択**しがちなのです。

このような仕事の進め方は、一件一件が小さな仕事だったとしても、着実にあなたの時間を奪い続けています。

以上のことからもわかる通り、第３領域の仕事は**「減らす意識」**を強く持たないと減らせません。そのような**「確固たる意識」**がないと、私たちは常に「錯覚」に騙《だま》され続けてしまいます。第３領域の錯覚に気をつけましょう。

※ここにご紹介した３つのカテゴリーも、ビジネスシーンでしばしば生じる仕事に着目して分類しています。これらのカテゴリーに属さない第３領域の仕事の存在を否定するものではありません。

## 第4領域　重要でも緊急でもない仕事（時間の浪費）

第4領域の業務は、「重要でも緊急でもない仕事」です。無駄な時間なので、実際には仕事とは言えません。言うまでもなく第4領域の仕事は、「極力なくしたい仕事」です。2つのカテゴリーに区分して考えてみましょう。

### カテゴリー7：自発的無駄業務

自分の選択によって発生する無駄業務です。

噂話などの暇つぶし、思いつきの整理整頓、部下への自慢話、完璧主義による過度な修正作業、だらだら電話、などがこれにあたります。

これらの無駄業務は、自分自身の意思で早期になくすことを検討すべきです。

### カテゴリー8：受動的無駄業務

自分以外の人や、業務システムなどによって発生する無駄業務です。

無駄な待機時間、過去のデータを探す時間、オフィス内の移動時間、上司の自慢話を聞く時間、などがこれにあたります。

これらの無駄業務は、関係者との対話を通して早期になくすことを検討しましょう。

## 第2領域 重要だが緊急ではない仕事（将来への投資）

最後に第2領域について考えましょう。第2領域の仕事は、「重要だが緊急ではない」仕事です。戦略立案、部下育成、自己研鑽、健康管理、業務改善などがこれにあたります。

実は、あなたが**マネジャーとして実践すべき業務の多くは、第2領域の業務**と考えることができます。

価値ある本番業務に向けての準備、セルフマネジメント、部下マネジメント、チームマネジメント、組織（社会）への貢献、すべて第2領域の業務です。

**しかし、多くの「忙しいマネジャー」は、第2領域の仕事に時間を使えていません。**

かといって、それらを軽視しているわけではありません。

第2領域の仕事の重要性は十分理解した上で、それに着手することなく、より緊急対応が必要な業務（第1、第3領域の業務）に多くの時間を使っています。いわゆる**「緊急中毒」**に侵《おか》されているのです。

考えるべきことは、**第2領域の仕事はいつまでも第2領域に留まっていない**、ということです。

今は緊急性がなくても、それぞれの業務は、最終期限に向けて「緩やかに流れるベルトコンベア」に乗っているのです。したがって、忙しいマネジャーがいつまでも第2領域の仕事に着手しなかったならば、それらの重要な仕事は、やがて第1領域の仕事、つまり、緊急性のある重要な仕事となり、「間に合わせ業務」として、いい加減に処理される可能性も十分あるのです。

第2領域の仕事は、忙しいマネジャーの「ToDoリスト」の常連、古株になっていることでしょう。

しかしそれらは、実際のカレンダーに記載されることのない「**いつかやる**大事な仕事」となっているかもしれません。

私の知る限り、**「いつか」は存在しません。**

また、Monday、Tuesday……と1週間をたどっても、**「Someday」**には到着しません。

したがって、それらの「いつかやる大事な仕事」は、「ToDoリスト」の中で塩漬けになり、やがて「間に合わせ業務」に変化するか、無視されるか、のいずれかの運命をたどることになります。

このような状態でマネジャー業務を全うすることは、困難です。

以上、4つの領域を細かく分析してきました。

あなたの仕事の解像度は上がってきたでしょうか？

53ページのクイックチェックを活用しながら、この2週間を振り返ってみたとき、「私の時間はどのカテゴリーに費やされていただろうか？」の問いに対して、非常に多い／多い／少ない／ほとんど無い、の4択で回答してください（深く考えず、感覚的に回答してください）。

## クイックチェック

| 第1領域　重要で緊急 | | | | |
|---|---|---|---|---|
| カテゴリー | 非常に多い | 多い | 少ない | ほとんど無い |
| C1：重大問題の解決業務<br>➡なくしたい | | | | |
| C2：間に合わせ業務<br>➡なくしたい | | | | |
| C3：価値ある本番業務<br>➡ふやしたい | | | | |

| 第3領域　緊急だが重要ではない | | | | |
|---|---|---|---|---|
| C4：「急な要望」への対応<br>➡なくしたい | | | | |
| C5：価値の小さい「定型・定例業務」<br>➡なくしたい | | | | |
| C6：抱え込みの代償「付帯業務」<br>➡なくしたい | | | | |

| 第4領域　重要でも緊急でもない | | | | |
|---|---|---|---|---|
| C7：自発的無駄業務<br>➡なくしたい | | | | |
| C8：受動的無駄業務<br>➡なくしたい | | | | |

| 第2領域　重要だが緊急ではない | | | | |
|---|---|---|---|---|
| 戦略立案 | | | | |
| 部下育成 | | | | |
| 自己研鑽 | | | | |
| 健康管理 | | | | |
| 業務改善 | | | | |

# 第2章

# 任せる仕事を決める

戦略的業務指示フェーズ

仕分けステージ

業務指示ステージ

部下育成フェーズ

支援ステージ

評価ステージ

## 任せる仕事の選定から任せるまでの流れ

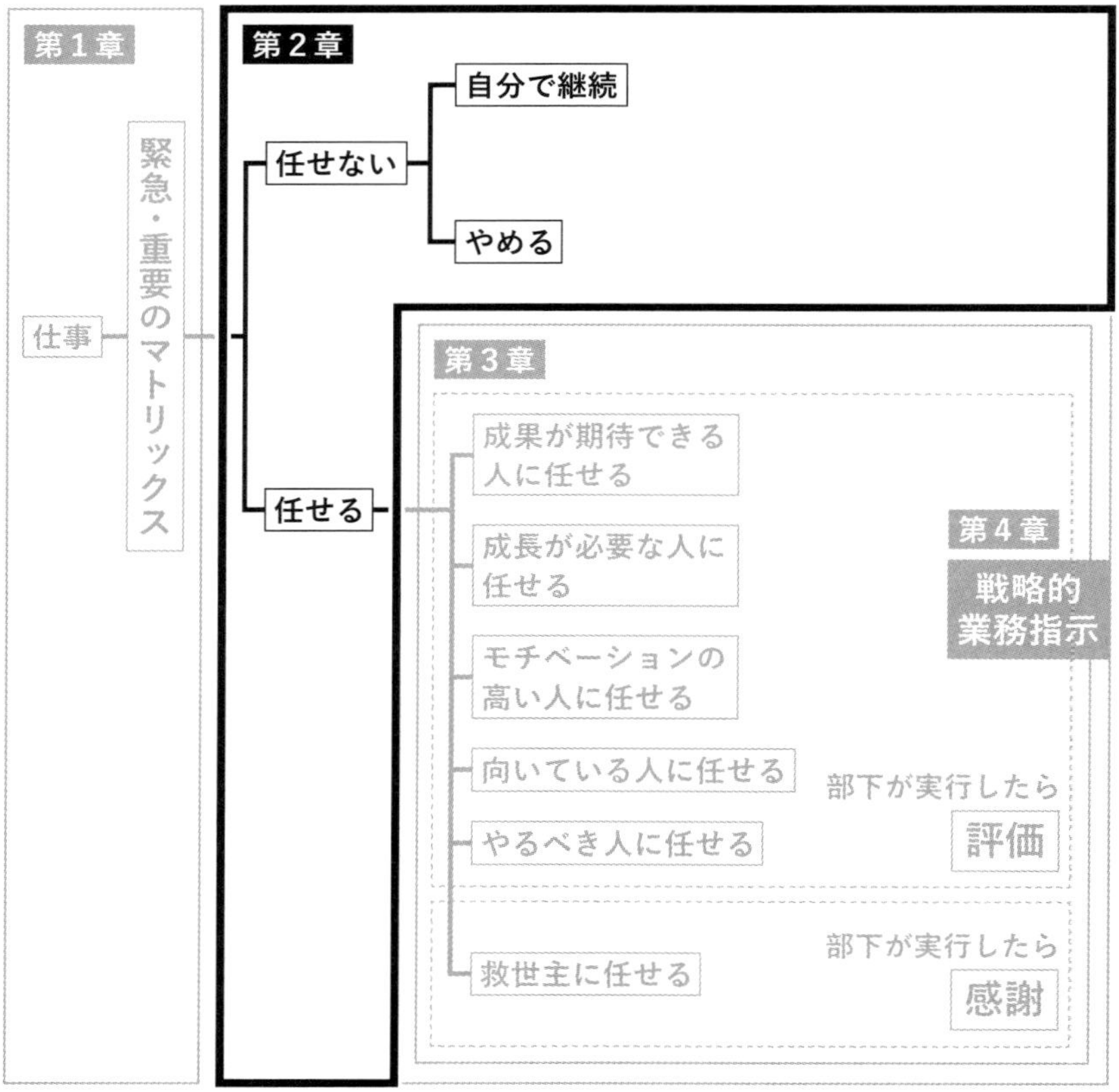

本章では、部下に任せる仕事をどのように決めればよいか、その手法をご紹介します。

第1章で、「できるだけなくしたい仕事」を次のように定義しました。

- **第1領域の「重大問題の解決業務」と「間に合わせ業務」**
- **すべての第3領域の仕事**
- **すべての第4領域の仕事**

しかし、これらを直ちに部下に任せていいわけではありません。いま一度、その内容をしっかり検証した上で、部下に任せるべきものと、そうでないものに分類することが必要です。

カテゴリーごとに検証していきましょう。

# 第1領域の業務の任せ方

## カテゴリー1：「重大問題の解決業務」をどう任せるのか

このカテゴリーの業務は、**顧客からのクレーム、重要設備の故障、突発的な人員の不足、災害、事故、コンプライアンス案件への対応**など、突発的に発生した重大な問題や危機に対する解決業務です。

したがって、**迅速な問題解決が求められる、失敗は許されないことが多い、**という特徴があります。その深刻性ゆえ、部下には任せずマネジャー自らが対応することが少なくないはずです。

しかし、考えてみてください。

問題を解決するには、さまざまな創意工夫や努力が必要です。

創意工夫や努力が必要な仕事こそ、携わった人を大きく成長させるのです。

つまり、「問題解決業務」は、部下を育てる上で最適な業務なのです。

**「ああ、これは緊急事態だ。だから私が対応するしかないな（やれやれ……）」**と考えず……、

**「ああ、これは緊急事態だ。だからこそ、部下の成長のチャンスだ（しめしめ）」**と考えましょう。

ただし、次のような業務は、対処にあたって**上司という立場**が必要なので部下に任せることはできません。

- **他部署との連携不足や対立によって生じた問題への対処**
- **自チームメンバー同士の問題への対処**
- **人材の配置や育成上の問題への対処**
- **メンタルヘルスやハラスメント問題への対処**
- **自チーム内のコンプライアンス問題への対処　など**

部下に任せる業務は、**上司という立場が絶対条件ではない**次のような業務に限定されます。

- **重要顧客からのクレーム対応**
- **重要設備の故障への対処**
- **チーム内に発生した突発的な人員不足への対処**
- **災害、事故などに対する支援　など**

これらの問題解決業務は、高度な能力を必要とするかもしれませんが「上司という立場」は絶対条件ではありません。したがって、部下に任せることでその部下の能力の向上を狙うことができます。

以上の考察から、次の二つの結論が導き出されます。

**結論1**
**上司の立場が必要な問題解決業務は、マネジャーが実行する。**

**結論2**
**上司の立場が不要な問題解決業務は、部下に任せることを検討する。**

## カテゴリー2:「間に合わせ業務」をどう任せるのか

このカテゴリーの仕事は**期限ぎりぎりのレポート提出、忘れていた経費精算、間に合いそうもないので適当に作成した業務指示書、**などです。

このような仕事は多くの場合、自分自身の「計画性の欠如」「実践意識の欠如」「先延ばし」など「自己管理が実践されなかった代償」として発生します。

したがって、なくすべき仕事ではありますが、そのために必要なことは「自己管理の徹底」であり、**部下に任せる業務ではありません。**

**結論3**

**第1領域の「間に合わせ業務」は、部下に任せる仕事ではない。**

次に、第3領域の3つのカテゴリーごとに考察していきましょう。

# 第3領域の業務の任せ方

## カテゴリー4：「急な要望への対応」をどう任せるのか

このカテゴリーの業務は、上司、同僚、部下、他部署、顧客など、他者からの急な要望や問い合わせ等への対応です。

自分自身にとっての実行価値は低いため、本当は断りたいのに引き受けてしまった業務です。したがって今後は、このような仕事を安易に引き受けないようにすべきです。

そうでなければ、時間を生産的に使用することができません。

しかし、多種多様な関係者とともに業務を遂行する中で、どうしても断りきれない業務を引き受けることもあると思います。

そのようなときはやはり、部下に任せることを検討しましょう。

これについては、**「自分自身にとって実行価値が低い仕事を部下に任せるというのは、部下を軽視していないか」**という意見が出るかもしれませんが、そうではありません。

**「急な要望への対応」を「成長機会」として部下に任せる方法**

| 「急な要望」の例 | 部下に示す成長機会と、その具体的な指示方法 |
|---|---|
| **他部署からの些細な問い合わせへの対応** | • **他部署のニーズ理解**<br>A部署の問い合わせを分析して、「A部署が何に困っているのか？　当部で力になれることはあるか？」を考えて報告してください。<br><br>• **人脈づくり**<br>A部署の問い合わせに対応しながら、最低5人の新しい社員との人脈を広げてください。<br><br>• **コミュニケーション能力の向上**<br>A部署の問い合わせに対応しながら、効果的なコミュニケーションをとるためにどんな工夫をしたかを私に報告してください。 |
| **上司からの急な会議招集への対応** | • **マネジャー業務の理解の深化**<br>私の代わりに会議に参加して、マネジャークラスの会議の雰囲気を感じてきてください。<br><br>• **人脈の拡大**<br>私の代わりに会議に参加して、マネジャークラスの人脈を広げてください。<br><br>• **報告に対する指導機会の増加**<br>私の代わりに会議に参加して、会議への参加所感を提出してください。その内容や形式に関してフィードバックします。 |
| **部下の突然の休みへの対応** | • **他者理解**<br>Aさんの業務を代行して、Aさんの日頃の工夫点を探してください。<br><br>• **視野の広がり**<br>Aさんの業務を代行して、Aさんのエリアの特殊性を分析してください。<br><br>• **チーム貢献機会の増加**<br>Aさんの業務を代行することは、われわれのチームに対する大きな貢献であることを理解してください。 |

なぜならば、あなたが簡単にこなせる仕事は、あなたにとって**「無価値な雑務」**でしかないかもしれませんが、部下にとっては自分を鍛えたり、会社の仕事を深く理解したりするために重要な**「成長機会」かもしれないから**です。罪悪感などを覚えず、積極的に部下に任せてよいのです。

例えばあなたの雑務は、部下に次のような成長機会を提供できます。

- **「他部署からの些細な問い合わせへの対応」**が提供できる成長機会

↓他部署のニーズ理解、人脈づくり、コミュニケーション能力の向上

- **「上司からの急な会議招集への対応」**が提供できる成長機会

↓マネジャー業務の理解進化、人脈の拡大、報告に対する指導機会の増加

- **「部下の突然の休みへの対応」**が提供できる成長機会

↓他者理解、視野の広がり、チーム貢献機会の増加

あなたにとっての雑務を部下に任せる際、右記のような「成長機会」を示すことで、部下にとっては価値ある業務になります。

例えば、もっと見識を深めて成長してほしい中堅社員に、前述の「他部署からの些細な問い合わせ対応」を他部署のニーズ理解という目的で任せる場合は、次のように指示することができます。

A部署の問い合わせに対応しながら、その内容を分析して、「A部署が何に困っているのか？当部で力になれることはあるか？」を考えて報告してください。

こうすればその部下に大きな成長機会を提供したことになるのです。

成長機会を示す指示の仕方については、63ページを参考にしてください。

**結論4**

**第3領域の「急な要望への対応」は、成長機会を示しながら部下に任せる。**

## カテゴリー5：価値の小さい「定型・定例業務」をどう任せるのか

このカテゴリーの仕事は、効果や意義を特段考えず、なんとなく行なっている定型・定例業務であり、定例会議への参加、定型の報告書作成、形だけの書類チェック、無駄な承認プロセス、古い顧客管理システムの運営などでした。これらの価値の少ない業務をなくすためには、次の2つのステップで考えます。

**まずは廃止や簡素化ができないかを考える**

その業務に対して廃止や簡素化の必要性を見いだしたなら、その旨《むね》を上司に**提言**しましょう。

- **情報伝達のための会議は廃止してメールで代用できないか**
- **営業日報はオンラインチャットを活用して簡素化できないか**
- **書類チェックの頻度や項目を減らせないか**

このような変革を提言するのです。この提言が実現したとき、あなたの組織貢献は絶大なものとなります。

ちなみに「上司に対する提言」はこれからの時代、非常に重要な業務です。上意下達の時代は終わりました。これからは**下から上に情報提供、提案、提言**をしていくことが企業存続の重要な要件です。換言すれば、提言のできない社員の社内価値はどんどん下がっていくということです。

あなたの「職務記述書」を改めて確認してください。そこには**変革、イノベーション、チャレンジ、過去からの脱却**などの**「脱・定型マインド」**の言葉が含まれているはずです。それを実践するのです。上司は、そんなマインドに基づいたあなたの提言を歓迎するはずです。

**「定型・定例業務」を「成長機会」として部下に任せる方法**

| 「定型・定例業務」の例 | 部下に示す成長機会と、その具体的な指示方法 |
| --- | --- |
| **定例会議の進行**<br>例)朝礼の進行 | • **業務理解の深化**<br>朝礼の進行をしながら、チーム内の業務に関する理解を深めてください。<br><br>• **ファシリテーションスキル向上**<br>朝礼の進行をしながら、会議ファシリテーションのスキルを高めてください。<br><br>• **多様性理解**<br>朝礼の進行をしながら、チーム内のさまざまな意見に耳を傾けて、多様性の理解を深めてください。 |
| **定型の報告書作成**<br>例)週間営業報告書 | • **マネジャー業務の理解の深化**<br>週間営業報告書の作成を通して、マネジャーがどういう視点で報告書を作成すべきなのかを理解してください。<br><br>• **文章力向上**<br>週間営業報告書の作成を通して、文章力を向上させてください。<br><br>• **他営業員からの学び**<br>週間営業報告書の作成を通して、他の営業員の創意工夫ポイントを理解してください。 |
| **形だけの書類チェック**<br>例)領収書確認 | • **業務理解の深化**<br>チームメンバーの領収書チェックを通して、いかに不備が多いかを検証し、対策を考えてください。<br><br>• **社内の問題把握**<br>チームメンバーの領収書チェックを通して、無駄な経費使用がないかどうかを把握してください。<br><br>• **社内プロセスの理解**<br>チームメンバーの領収書チェックを通して、どうすればこのプロセスを軽減できるかを提案してください。 |

**次に、部下に任せられないかを考える**

廃止できない場合は、部下に任せることを検討しましょう。「成長機会」を添えて部下に任せれば、その仕事は部下の「成長機会」となるはずです。

例えば、あなたの「価値の小さい定型・定例業務」は、部下に次のような成長機会を提供できます。

- **「定例会議」の進行**が提供できる成長機会

→業務理解の深化、ファシリテーションスキル向上、多様性理解

- **「定型の報告書作成」**が提供できる成長機会

→マネジャー業務の理解深化、文章力向上、他営業員からの学び

- **「形だけの書類チェック」**が提供できる成長機会

→業務理解の深化、社内の問題把握、社内プロセスの理解

具体的な指示の仕方については、67ページを参考にしてください。

**結論5**
**第3領域の「価値の小さい定型・定例業務」は、必要に応じ廃止・簡素化を上司に提言する。廃止・簡素化できないものは、成長機会を示しながら、部下に任せることを考える。**

## カテゴリー6：抱え込みの代償「付帯業務」をどう任せるのか

このカテゴリーの業務は、部下に業務を委任せず一人で業務を遂行しようと考えた結果、自分が対応せざるをえなくなった**会議室の手配、弁当の手配、資料のコピー**などの些末な付帯作業でした。

あなたは「これくらい自分でやろう」「雑用だから任せるのは申し訳ない」などの理由で部下に任せていないのかもしれません。確かにほぼ「雑用」なので、部下に「成長機会」を示しながら任せることはできないでしょう。かといって、これらの付帯作業をマネジャーが常に実行するというのは、やはり正しい考え方ではありません。

これらについては、次のように考えましょう。

### 雑用を部下に任せてもよい

近年、雑用を頼んだら「パワハラになる」という考えを、驚くくらい多くのマネジャーから聞きます。

これはおそらく、パワハラの行動類型の「過小な要求」を取り違えた結果だと考えられます。「過小な要求」とは、厚生労働省の定義では「業務上の合理性なく、能力や経験とかけ離れた程度の低い仕事を命じることや仕事を与えないこと」を指します。重要なのは**「業務上の合理性」の有無**です。

必要に応じて依頼した雑用は、それが「能力や経験とかけ離れた程度の低い仕事」であったとしても、「業務上の合理性」を満たしている限り立派な業務です。

業務の一環としての雑用は、遠慮なく任せていいのです。

ただし、雑用を任せるときは「指示命令」ではなく、「協力依頼」のほうが適切です。**「これをやりなさい」**ではなく、**「お願いしていいかな～」**のほうが、より気持ちのいい**「はい！」**に出会えます。

余談ですが、部下は上司に頼まれた雑用に案外喜んで対応しているようです。部下にしてみたら、それらは第3領域の「頼まれごとへの対応」であり、「高い貢献実感」を得られる業務だからです。遠慮せずに任せましょう。ただし、貢献実感を悪用せず、頼むときのマナーや、引き受けてくれたことへの感謝は忘れてはいけません。

**結論6** **第3領域の「付帯業務」は、遠慮せず部下に任せる（部下は案外喜んでくれる）。**

## 第4領域

第4領域は、「緊急でも重要でもない業務」。そもそも無駄な時間ですから、言うまでもなく**部下に任せる対象外**です。

**結論7** **第4領域の業務は部下に任せる業務ではない。**

コラム

# 朝礼を部下に任せよう

**第3領域の「価値の小さい定型・定例業務」は、必要に応じ廃止・簡素化を上司に提言する。廃止・簡素化できないものは、成長機会を示しながら、部下に任せることを考える**……とご案内しましたが（65ページ）、その関連として「毎日の朝礼を部下に任せる」ことを提言します。

リモートワークの浸透、フレックスタイムの浸透などにより、朝礼は実施していないというチーム（会社）も増えてきているようです。その場合は、あなたが定期的に開催している「チーム会議」などに置き換えて考えてください。

まずは、次のケースを読んでください。

消費財販売会社の営業第1チームの吉野マネジャーが主催する朝礼の場面です。吉野マネジャーには、7人の部下が配属されています。（カッコ内の数字は、ここでは無視して読んでください）

## 朝礼（ケース1）

**吉野マネジャー**：おはようございます。

昨日は、本社からの緊急要請に対してチーム全員で対応していただき、ありがとうございました。おかげでしっかりと対応ができ、本社からも感謝の言葉をいただいています。今日は通常業務となりますが、昨日のしわ寄せもあるかと思いますので頑張ってください（①）。

車の運転などには十分に気をつけて、事故を起こさないよう、引き続き留意願います（②）。

今日、私は新人の山田くんと一緒に同行営業に入ります。何か緊急の用件があるときには、携帯のほうに電話をいれてください（③）。

それと昨日、新藤くんが非常に素晴らしい営業成果を上げましたので、簡単に状況を共有してほしいと思います。新藤くんお願いします。

**新藤**：はい、わかりました。実は昨日……（成功事例を3分間で説明）。

**吉野マネジャー**：素晴らしいですね。このような活動を、全員ができるように努力してください（④）。

ほかに何かこの朝礼で確認しておきたいことがありますか？

特にないようなので、最後に事務連絡です。

経費精算は、今週中に必ず終わらせるようにしてください（⑤）。
それと、車両の走行距離についても、今週末に総務に報告する必要がありますので、金曜日午後5時までにメールしてください（⑥）。
ではほかにご意見、ご質問とか、本当に大丈夫ですか？

井田：マネジャー、一ついいですか？

吉野マネジャー：井田くん、どうぞ。

井田：実は、東京商事の部長から昨日電話があって、来年の新製品導入計画について聞きたいという要望がありました。これについて、どこまで話をしていいかわからないので保留にしてあるのですが、今日回答しなければならないことになっています。
それに対して、どう回答したらよいか教えていただけますか？

吉野マネジャー：そういう質問があったんですね。なるほど。
ほかに同じような質問をいただいている方はいますか？　いませんね。わかりました。では、東京商事さんには私から直接回答します。東京商事の部長は箕輪部長ですよね？

井田：そうです。

吉野マネジャー：箕輪さんなら、私もよく知っているので、本日午後にでも、出先から電話をいれておきます。念のために、箕輪部長の直通電話番号を私にメールしておいてください。

そのほかのご質問はありませんか？　ありませんね？

では、いつも通り「社是」を唱和しましょう。今日は安井くんにお願いします。

**安井**：はい、わかりました。では皆さんご唱和ください。「私たちは顧客第1主義を徹底します！」

以下、唱和が3分続いて朝礼終了。

よくある朝礼の場面だと思いますが、どう感じましたか？

挨拶に始まって、日頃の尽力への感謝、緊急要請への感謝、成功事例の発表指示、その評価、質問確認、事務連絡、質問の再確認、社是の唱和……と、朝礼で実施すべき要素を盛り込んだ「比較的よくできた朝礼」の一つです。

しかし、少し考えてみてください。

吉野マネジャーは、朝礼の重要な目的であると思われる**「一体感の醸成」**、**「働くモチベーション**

**の向上」、「元気や覇気の伝播」**についてはどれくらい成功しているでしょうか？

ケース1の朝礼を分析すると、次のことがわかります。

- **ほとんどの時間、吉野マネジャーが話している**
- **指名された人だけが話している**
- **情報を伝えるだけで終わっている**
- **質問が出ない**
- **笑顔や笑い声がない**

この状況であれば、右のような「朝礼の重要な目的」を果たせているとは考えづらいと思われます。

なぜ、吉野マネジャーの朝礼は、このような朝礼になってしまったのでしょうか？

実は、吉野マネジャーは2年前からこのチームを率い、着任の初日から毎日朝礼を実施してきました。

最初のうちは、不慣れなこともあって苦労の連続でした。たった15分の朝礼とはいえ、冒頭コメントのネタ探し、伝えるべき情報の収集と整理、関連資料の印刷、進行手順の検討……やるべきことがたくさんあるのです。準備に苦労した朝礼なので、吉野さんとしては「重要イベント」。人知れず気合を入れて臨んでいました。

しかし、そのような状況も、月日の経過とともに変化します。吉野マネジャーはそれまで最も苦労していた「進行手順」に関して自分の「型」を見いだしたのです。それが前述の「挨拶、日頃の尽力への感謝、成功事例の発表指示、その評価、質問確認、事務連絡、質問の再確認、社是の唱和」というものです。

それ以降、吉野マネジャーにとっての朝礼は「型通り進める業務」、すなわち「ルーティン業務」になったのです。

「ルーティン業務」は、効率よく業務遂行ができるというメリットを持つ半面、実行モチベーションが薄れて「形骸化」「低レベル化」しやすいというリスクもあります。残念ながらそれが吉野マネジャーの朝礼に発生し、質問が出ない、笑顔のない朝礼をつくり出しているのです。

そのような朝礼をマネジャーが実施している限り、このチームの朝礼は**一体感の醸成**、**働くモチベーションの向上**、**元気や覇気の伝播**にこれからも失敗し続けます。

その状況を改善するためには、マネジャーがもう一度初心に戻って情熱あふれる朝礼を展開することが必要ですが、それよりもいい方法は**「朝礼を部下に任せる」**ということです。

さて、「部下に朝礼を任せましょう」ということになると**司会進行のみ**を任せがちですが、これはおすすめしません。

なぜならば、司会進行のみを任せた場合、司会役の部下が開会の挨拶をしたあとに「では、マネジャーから冒頭コメントをお願いします」「次に、この件についてマネジャーからコメントをお願いします」「では、最後にマネジャーから連絡事項をお願いします」などと、頻繁にマネジャーのコメントを求めてしまうかもしれないからです。

これでは相変わらずマネジャーがたくさん話すことになり、「質問が出ない、笑顔のない朝礼」が続いてしまいます。これでは朝礼を任せた意味がありません。

では、どう任せるのか？

ポイントは、**「マネジャーがあまり話さないでいいように任せる」**ということです。

もちろん、そのためには任せる部下との「事前打ち合わせ」が必要ですが、それについてはいったん棚上げして、まずは**理想的な朝礼がどのようなものか**を見ていきましょう。

吉野マネジャーは、部下の斎藤さんに朝礼を任せることにし、前日に「事前打ち合わせ」を十分に実施したと想定してください。

すると、先ほどの朝礼は次のような理想の朝礼に変化します。

## 理想の朝礼（ケース2）

斎藤：おはようございます。
昨日は本社からの緊急要請に対して、チーム全員で対応しました。本当に頑張りましたね。私も正直、最初は「面倒だな……」と思ってしまいましたが、全員で一丸となって対応しているうちに、「ちょっとだけ」充実感を覚えてしまいました！

井田：なんだよ「ちょっとだけ」かよ！

早野：やっぱり「面倒だ」と思ってたんだな！

全員：（笑）

斎藤：すみません。嘘が言えなくて……（笑）。
でも私たちの努力によって、本社からの要請にしっかりと対応ができました。これについては、本社からも感謝の言葉をいただいているようです。マネジャー、そうですよね？

吉野マネジャー：その通り！　おかげで私が褒められた！

早野：手柄の横取りはダメですよ（笑）。

吉野マネジャー：今回の成果が私ではなく、君たちの努力の結果だということは、ちゃんと本社はわかっているよ。

早野：それを聞いて安心しました……（笑）。

斎藤：今日は通常業務となりますが、昨日のしわ寄せもあるかと思いますので、頑張りましょう（①）。急いでいると事故が多くなりますので、車の運転には十分に気をつけましょうね（②）。

なお今日、マネジャーは新人の山田くんと一緒に同行営業に入るとのことです。何かマネジャーに緊急の用件があるときには、マネジャーの携帯に電話をいれるようにしましょう（③）。

それと昨日、新藤さんが非常に素晴らしい営業成果を上げられたようで、今日はそれをみんなに紹介してくださるそうです。では新藤さん、自慢話をお願いします。

新藤：自慢話ちゃうわ！　実は昨日……（成功事例を3分間で説明）。

斎藤：素晴らしいですね。とても刺激になりました！　私たちも新藤さんに負けずに頑張りましょう！（④）

では、新藤さんの自慢話も無事に終わりましたので（笑）、ほかに何かこの朝礼で確認しておきたいことがありますか？

井田：一つあります。

斎藤：井田さん、お願いします。

井田：実は、東京商事の部長から昨日電話があって、来年の新製品の導入計画について聞きたいという要望がありました。これについてどこまで話をしていいかわからないので、保留にしてあるのですが、今日回答しなければならないことになっています。それにどう回答したらよいか、マネジャーにお伺いしたいです。

**斎藤**：吉野マネジャー、いかがですか？

**吉野マネジャー**：東京商事の部長ということは、箕輪部長ですよね？

**井田**：そうです。

**吉野マネジャー**：箕輪さんなら私もよく知っているので、今日の午後にでも出先から電話をいれておきます。念のために、箕輪部長の直通電話番号を私にメールしておいてください。変わっていたらいけないので。

**井田**：わかりました。ありがとうございます。

**吉野マネジャー**：ところで、ほかに同じような要望をいただいている人はいますか？　……いませんね。わかりました。

**斎藤**：ほかにご質問はないようなので、最後に事務連絡です。
今月の経費精算は今週が締め切りなので、必ず今週中に提出しましょう（⑤）。
それと車両の走行距離についても、今週末に総務に報告する必要があるようなので、金曜日午後5時までにマネジャーにメールしましょう（⑥）。
では、いつも通り「社是」の唱和をしましょう。今日は安井さんの順番ですよね。
安井さんお願いします。

**安井**：はい、では皆さん、ご唱和ください。「私たちは顧客第一主義を徹底します！」

以下、唱和が3分続いて朝礼終了。

---

どうでしょうか？　明らかに「雰囲気」が違いますよね。笑いの絶えない、ちょっと楽しそうな雰囲気。社是の唱和の声のボリュームも高そうな気がしませんか？

もちろん、朝礼を任せた部下のキャラクターや、その他のメンバーのキャラクターによって、朝礼の「雰囲気」は、この例とは違う状況になるはずです。

しかし、どのような場合でも、次の3つは共通して獲得できます。

- 部下に朝礼を任せると、マネジャーからの「業務命令」がなくなる
- 部下に朝礼を任せると、マネジャーの「権威」が増す
- 部下に朝礼を任せると、朝礼が「部下理解の場」になる

順に検証していきましょう。

### ●部下に朝礼を任せると、マネジャーからの「業務命令」がなくなる

ケース1の朝礼の①〜⑥の部分で吉野マネジャーは6つの「業務命令」を出していました。

「安全運転に注意してください」のような柔らかい言い方であっても、マネジャーが言えば本質は上意下達の「業務命令」となります。

一方、ケース2の朝礼で、斎藤さんは、同じ①〜⑥の部分を「〜しましょう」と表現しています。これは「業務命令」ではなく、「推奨」「励まし」「鼓舞」「促進」であり、対等な目線からのメッセージとなっています。部下にしてみたら、毎朝いくつもの「業務命令」を聞かされるよりも、自分の同僚から対等な目線で「頑張ろう」と言われたほうが、はるかに受け入れやすいはずです。

マネジャーのあなただって、本当はあれこれ業務命令をしたくありませんよね。

部下に任せれば朝礼から業務命令がなくなります。お互いにハッピーです。

### ●部下に朝礼を任せると、マネジャーの「権威」が増す

マネジャーが自分で朝礼を実施しようとすれば「言葉数」が多くなりますが、部下に任せれば減ります。

通常、「価値」は稀少なものに対して向上しますが、「言葉数」もこの原則の範囲内です。数少ない言葉には「価値」が付加され、価値ある言葉の話者には「権威」が宿りやすくなります。

ケース2の朝礼をもう一度俯瞰してみてください。マネジャーの言葉が、ケース1に比べて激減しています。

細かい業務連絡・業務指示を部下に任せてその様子を見守り、間違いがあれば正す、よければ褒める、ここ一番というときに見事に問題が解決する、部下の質問に明確に答える……部下はそのようなマネジャーに権威や威厳を感じるものです。

## ●部下に朝礼を任せると、朝礼が「部下理解の場」になる

部下に朝礼を任せて、部下の言動を客観視していると、次のような発見があります。

例えばAさんは、Bさん以外の人が朝礼を進めるときは積極的に発言して明るく振る舞いますが、Bさんが朝礼を進めるときは、暗い顔で相槌も打たずに参加していることに気がつくかもしれません。その気づきにより「AさんとBさんの間に、人間関係上の問題があるかもしれない」という問題の芽を発見することができます。

あるいは、朝礼の間ずっとそわそわして時間を気にしているCさんの存在や、他者の質問に対して「そんなくだらない質問するな」と言わんばかりの表情をしているDさんの存在に気づいて、個

別面談の必要性を感じるかもしれません。
さらには、難しい用語についてこっそり新人に教えてあげているEさんや、常に周囲の仲間に気配りをしているFさんを発見して幸せな気持ちになることもあるでしょう。

このような発見は、マネジャー自身が朝礼を進行していると、なかなか目につかないものです。しかし、朝礼を少し引いた立場から観察していると面白いほど目につきます。
だからこそ、朝礼は部下に任せるべきなのです。

部下に朝礼を任せると、朝礼が**「部下理解の場」**にもなります。

## 朝礼は部下に任せましょう！

補足1：ちなみにこれは朝礼に限ったことではありません。すべての定例会議に該当する考え方です。任せられる会議は極力部下に任せ、会議を「部下理解の場」に昇格させましょう。
（会議の全体でなく1パートだけでもいいので、極力部下に「仕切り」を任せましょう）

補足2：事前打ち合わせでは、①朝礼で伝えてほしいこと、②進行上の注意点などを明記した資料を準備して、部下に渡しましょう。部下はそれを見ながら進行できますので、負担減にもなります。

第 3 章

# 任せる部下を決める

戦略的業務指示フェーズ

仕分けステージ

**業務指示ステージ**

↓

部下育成フェーズ

支援ステージ

評価ステージ

## 任せる仕事の選定から任せるまでの流れ

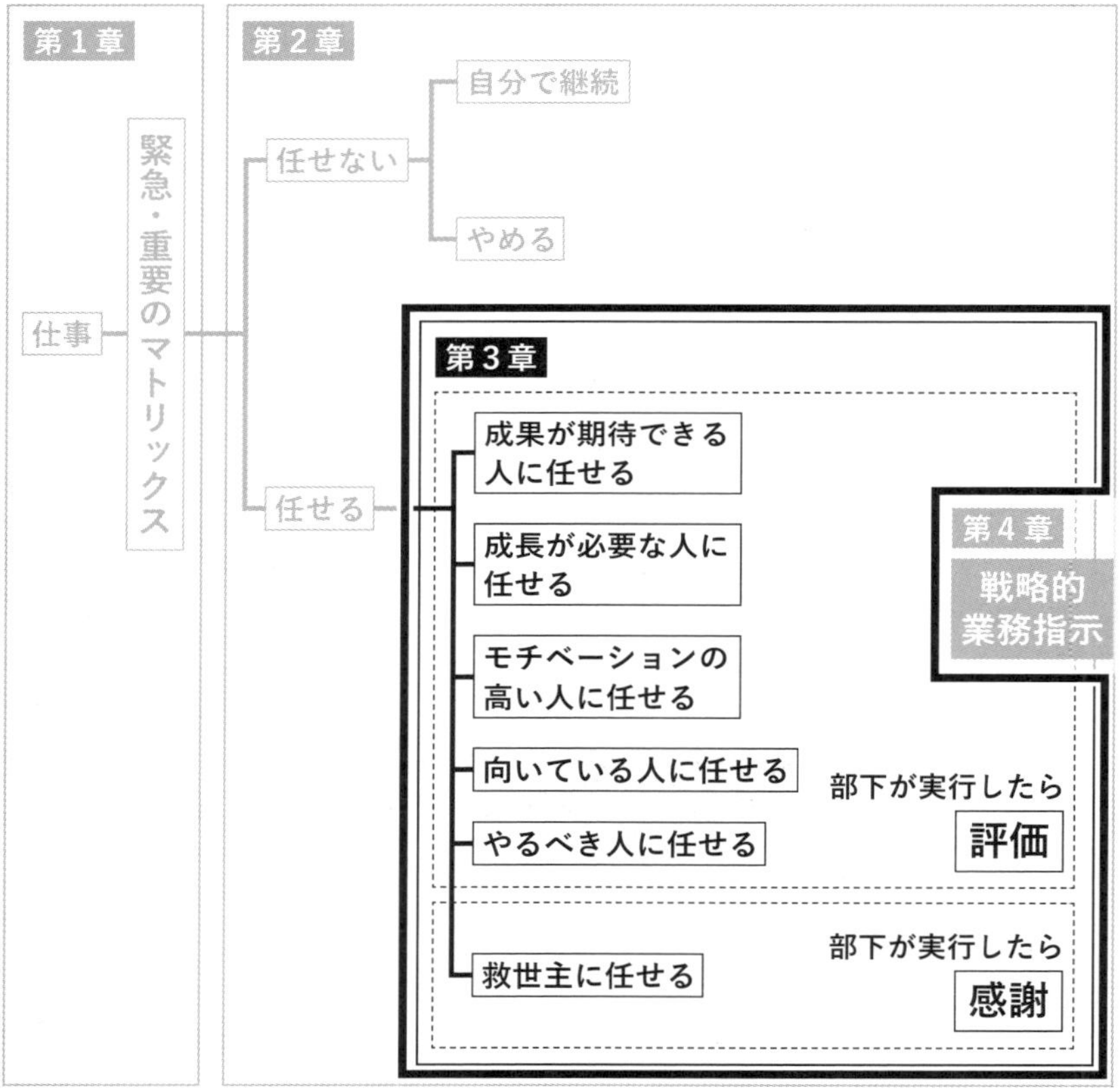

# 仕事を任せる部下の決め方

「仕分けステージ」の第2章で明らかになった「任せるべき仕事」は、誰にでも任せればよいわけではありません。「その仕事に適した部下」に任せる必要があります。

「仕事と部下のマッチング」は、「戦略的業務指示」を成功させるための重要な判断基準となります。適切なマッチングを実現するためには、部下を深く理解することが不可欠です。

以下の4つのポイントをもとに、部下への理解を深めていきましょう。

- **部下の強みの理解**
- **部下の弱みの理解**
- **部下の価値観の理解**
- **部下の適した仕事の仕方に対する理解**

それでは、順番に見ていきましょう。

## 部下の強みの理解

部下の強みを理解することの重要性は、もはや言うまでもないでしょう。

粘り強い、行動力がある、論理的な思考ができる、プレゼンテーション力がある、コミュニケーションスキルが高い……などのように部下の強みを把握していれば、最も適切な仕事を任せて**最高の会社貢献**を生み出すことができます。また、それを通して当該部下の「自信」や「自己効力感（＝目標を達成するための能力を自らが持っていると認識すること）を強く感じさせ、**働き甲斐を向上**させることにも成功するでしょう。

しかし、あなたが部下の強みを見誤っていた場合は、期待した能力は発揮されず、最高の会社貢献も働き甲斐の向上も実現しません。

したがって、重要な問いは、「あなたは部下の強みを**的確に**理解していますか？」ということになります。

部下の強みを的確に理解するためには、次の二つのポイントに気をつけましょう。

## ①認知バイアスの落とし穴に気をつける

認知バイアスとは、「人間の思考や判断に影響を与える心理的な傾向や偏り」のことです。

この落とし穴にはまると、合理性を欠いた意思決定をしてしまうことがあります。

認知バイアスにはさまざまな種類がありますが、特に次の3つは「他者理解」においてしばしば発生します。

- **「ハロー効果」**……目立った長所が一つあるだけで、その人物を「何においても素晴らしい人」と思ってしまいます。このバイアスに陥ると、部下を過信してしまうことがあります。

- **「集団同調性バイアス」**……自分の本心よりも、自分の所属する集団の意見を優先してしまいます。このバイアスに陥ると、部下理解が深まりません。

- **「ステレオタイプバイアス」**……人を「属性」や「部分的な個性」などで判断してしまいます。

例えば「体育会系は根性がある」というステレオタイプバイアスの落とし穴にはまっているマネジャーは「学生時代アメフトで全国大会に出場経験のあるKさんには、誰よりも強い根性がある」と信じて、エリア内で最も高い営業目標を与えるでしょう。

しかしKさんが極度な人見知りで、物事を深刻に考えてしまうタイプだとしたら、達成できない高い営業目標を前に、会社に行くのが苦痛になるかもしれません。

## ②強みは「その部下の中の強み」で考える

強み、すなわち優位性を考えるとき、二つの考え方があります。

絶対優位性と相対優位性です。

例えば、社歴10年目のAさんと新入社員のBさんとでは、分析力、論理的思考力、プレゼンテーション力のどれをとっても、Aさんのほうが優れているでしょう。

このときAさんは、Bさんに対して3つのスキルすべてにおいて**絶対優位性**を持っていることになります。

他方、**相対優位性**の考え方は、他者との比較ではなく、Bさん個人に注目します。

Bさん個人に注目したとき、3つの力の中でプレゼンテーション力が最も優れているなら、それがBさんの強みだと考えます。

このように、部下の強みを考える際は、**その部下の中の強み（相対優位性）**も考慮するようにしましょう。93ページの「強みの例」を参考にしてみてください。

## 部下が持つ強みの例

| 性格に関連する強み | |
|---|---|
| 責任感 | 任されたことを最後までやり遂げる力 |
| 向上心 | 常に成長や学びを求める姿勢 |
| 忍耐力 | 困難に直面しても耐え抜く精神力 |
| 柔軟性 | 環境や状況の変化に迅速に適応できる能力 |
| 正直さ | 誠実であること、嘘をつかないこと |
| 協調性 | チームでの円滑なコミュニケーションや協力が得意 |
| 自信 | 自分の行動や判断に確信を持てること |

| 仕事に関連する強み | |
|---|---|
| 問題解決力 | 複雑な問題を論理的に分析し、解決に導く力 |
| 計画性 | 効果的なスケジュールを立て、実行する力 |
| リーダーシップ | チームをまとめ、目標達成に導く力 |
| コミュニケーション能力 | 他者との意思疎通がうまく、説得力がある |
| 時間管理 | 効率よくタスクをこなし、締め切りを守る力 |
| クリエイティビティー | 新しいアイデアを生み出す能力 |
| 技術力 | 専門知識やスキルに基づいた高いパフォーマンス |

| 対人関係に関連する強み | |
|---|---|
| 共感力 | 他者の気持ちを理解し、寄り添う力 |
| 聞き上手 | 相手の話を深く理解し、引き出す能力 |
| 説得力 | 他者に考えを伝え、同意を得る力 |
| チームワーク | 他者と協力して成果を出す能力 |
| 洞察力 | 他人の意図や感情を正確に読み取る能力 |

| 個人的な強み | |
|---|---|
| 創造力 | 独自の視点で物事を考える力 |
| 好奇心 | 新しいことへの探求心や興味 |
| 自己管理 | 自分の感情や行動をコントロールする能力 |
| 独立性 | 自律的に行動し、決断できる力 |
| 粘り強さ | 諦めずに目標を追求する意志 |

## 部下の弱みの理解

部下に仕事を任せる際に、「部下の弱み」を理解しておくことも不可欠です。

ただし、弱みは強みと違い、「活用」できません。弱みは「避けるもの」であり、「留意するもの」です。

あなたは、失敗が許されない「重要顧客へのプレゼンテーション」は、プレゼンテーションが苦手な部下Cさんには任せず、プレゼンテーションが得意なDさんに任せるべきです。

**弱みは「避けるべきもの」だからです。**

しかし、なんらかの事情でCさんにその仕事を任せざるをえない場合は、大きなトラブルが発生しないように「注意深く、寄り添いながら」Cさんに仕事を任せることになるでしょう。

**弱みは「留意すべきもの」だからです。**

このとき、重要なポイントは、「あなたが部下Cさんの弱みを理解していた」という点です。

それを理解していたからこそ、Cさんの弱みを**「避けたり、留意したり」**することができたのです。

一方、弱みに関しては**「改善が必要な弱み」**も存在します。

例えば、営業パーソンは「傾聴が苦手」ではすまされません。業務への支障が大きすぎます。

- **コミュニケーションスキルの低い人事部員**
- **リーダーシップに欠けるリーダー**
- **感情のコントロールの苦手なコールセンター員**

これらも**「改善が必要な弱み」**を持っていると言えます。

このような場合、「弱み」は**「改善点」**に変化します。あなたが部下に「改善点」を見いだしたなら、その改善のために各種の指導を行なう必要があります。

指導の一環として、「改善を目的とした仕事」を任せることもあるでしょう。


先ほどの例で登場した「プレゼンテーションの苦手な部下Cさん」が、営業パーソンなのであれば、その弱みは「改善点」として認識するべきです。

そして、あなたはCさんに対して「小さな会議でのプレゼンテーション」を任せるなどの指導を続け、やがては「重要顧客へのプレゼンテーション」ができるように成長させる必要があるのです。


以上の通り、部下の弱み理解も重要なポイントです。正しく理解しておきましょう。

「弱みの例」を96ページに用意しましたので、参考にしてみてください。

## 部下が持つ弱みの例

| 性格に関連する弱み | |
|---|---|
| 完璧主義 | 完璧を求めすぎて、時間がかかったり、行動を起こせなくなる |
| 自己中心的 | 他者の意見や感情を軽視しがち |
| 感情的 | 感情に左右されやすく、冷静な判断が難しい |
| 優柔不断 | 決断に時間がかかり、機会を逃しがち |
| 悲観的 | 物事を否定的に捉えやすい |
| 依存的 | 他者の意見やサポートに頼りすぎる |
| 頑固 | 自分の考えに固執し、柔軟に対応できない |

| 仕事に関連する弱み | |
|---|---|
| 時間管理の弱さ | 締め切りに遅れたり、タスクを効率的にこなせない |
| 注意力散漫 | 一度に多くのことを抱えると集中力が低下する |
| ストレス耐性の低さ | プレッシャーに弱く、パフォーマンスが落ちやすい |
| リスク回避的 | 新しい挑戦を避け、安定を優先しがち |
| 段取り不足 | 計画が不十分で、効率を欠く |
| コミュニケーション不足 | 十分に意思を伝えられない、または他者の意図を理解しづらい |
| ミスが多い | 注意力が欠け、小さなミスが頻発する |

| 対人関係に関連する弱み | |
|---|---|
| 共感不足 | 他者の感情を理解するのが難しい |
| 批判的 | 他者の欠点や間違いに目が行きやすい |
| 衝動的な発言 | よく考えずに口に出してしまい、誤解を招く |
| 自信の欠如 | 自分の意見や能力に確信が持てない |
| 過剰な競争心 | チームよりも個人の成功を優先しがち |
| 人見知り | 新しい人と接するのが苦手 |
| 依頼が苦手 | 自分ひとりで抱え込みがち |

| 個人的な弱み | |
|---|---|
| 怠惰 | やる気が出ない、先延ばしにしてしまう |
| 自己批判的 | 自分を責めすぎて、モチベーションが下がる |
| 短気 | 小さなことですぐにイライラしてしまう |
| 執着心 | 過去の出来事や人間関係に固執しがち |
| 楽観的すぎる | 現実的なリスクや問題を見落としやすい |
| 無計画 | 目標や計画を立てずに行動してしまう |
| 衝動的 | 物事を深く考えず、すぐ行動して後悔する |

## 部下の価値観の理解

次に理解しておくべきは、「部下の価値観」です。

「強み」は、「何を上手にできるか」という「資質や能力」に関連しています。

一方、「価値観」は「何をやりたいか」「何が大切か」という「希望や志向」に関連しています。

**一般に、人が行動を起こす際、より重要視されるのは「価値観」のほうです。**

例えば、誰よりも上手に人前で話せるD君の強みは「コミュニケーション力」や「提案力」です。

しかし、D君は「謙虚さ」「調和」を自分の価値観として強く認識しています。

そのようなD君を「社内ルール改革のリーダー」に任命した場合、「提言は会社批判になるのではないか」「社内を分断することにならないか」などのように考えて、D君は苦しむことになるかもしれません。

自分の価値観に合わないからです。

また、私が行なった「パーソナルコンサルティング」での事例を紹介します。

中堅社員Eさん（女性）の強みは「共感力」や「責任感」です。大変面倒見がよく、後輩の指導がチームで一番上手です。それを知る上司は、「新人用の教育マニュアル作成プロジェクト」のリーダーに、Eさんを任命しました。その結果、予想通り、見事にその業務を成功させたそうです。

私がEさんに、「得意分野で最高の仕事ができて、さぞ達成感を覚えたでしょう」と聞いたところ、「実はあまりやり甲斐を感じていなかった」と意外な回答がありました。

理由を尋ねると、「私は自分のキャリアプランを早く実現したいので、新人ではなく『上司が』どんな仕事をしているのかに興味があるのです。できれば、今回のプロジェクトに使った時間は『上司の業務理解』を深める業務に費やしたかった……」とのことでした。

つまり、今回の業務遂行ではEさんの強みが大いに発揮されましたが、「キャリア志向」「自己実現」といったEさんの価値観とはズレがあったということです。

この2例からもわかるように、任せた仕事が部下の価値観と合わない場合、会社に大きな貢献ができたとしても、本人には不満が残ることがあります。一方で、価値観に合った仕事を任せると、部下はその強みをより効果的に発揮し、意欲的に取り組む傾向があります。

価値観は「強み」や「弱み」と異なり、外から観察するだけではわかりません。そのため、部下とのコミュニケーションを通じて価値観を理解することが必要です。部下の価値観を把握することで、より適切な仕事を任せ、彼らのモチベーションや成果を最大化できるのです。

仕事に対する価値観を完璧に理解することは困難ですし、その必要もありません。
ここでは、次の4つの項目で把握することをご紹介します。

## 収入

収入を得ることは、「働く意義」というよりも「大前提」のようなものです。ある意味、最も重要な価値観たりえるものです。それなのに、上司と部下間で「働き甲斐」について会話をする機会に、「収入」というテーマは、軽んじられることが少なくありません。なぜなのでしょうか?

考えてみると、収入は会社の給与体系と密接に連動しており、通常、直属の上司が独断で決定することはできません。直属の上司が部下の収入向上を思うなら、部下を昇進・昇格をさせるしかありません。しかし、多くの企業ではそのようなポスト数は限定的でしょう。

そのため、「話をしても、実りある話にならない」「部下の不満をいたずらに掘り起こしてしまう」というような気持ちになり、この話題を回避しているのかもしれません。

私は、この状況はよくないと考えています。

なぜなら、部下がどんな生活を送りたいかを把握し、そこに向けて最善の助言や機会の提供をすることは、上司の大事な使命のひとつだからです。独断で部下の収入を増加させる権限は持っていませんが、部下の収入増加に関心を持っている上司は「素敵な上司」です。全上司は、部下が収入に関してどのような価値観を持っているかを把握しておくべきだと考えます。複雑な情報収集は不要です。シンプルに部下に聞いてみましょう。

例えば**「収入を得ることは、あなたにとって働く大前提になっていると思うけれども、何か特別な思いがあれば聞かせてもらえますか」**というような直接的な質問でよいと思います。

ただし、収入に関することは積極的に話したくないという部下もいますので、無理に詮索してはいけません。右の質問をして答えにくそうにしている場合は、それ以上立ち入ることはやめましょう。

もしも笑顔で「それはもちろん、多ければ多いに越したことはないですよ〜」のような回答をしてきた場合は、さらにヒアリングを続けて部下の価値観の把握に努めましょう。

明確な価値観を把握できなくても構いません。

左の3つの選択肢のうち、どこに一番近いかを理解できれば上出来です。

- **この会社で考えうる最高の給与を手にしたい**
- **この会社での標準的な給与を手にしたい**
- **給与の高低には本当に興味がない**

この程度の情報であったとしても、貴重な情報となるはずです。

## 自己成長・自己実現

把握すべき部下の価値観の2つめは、自己成長・自己実現です。

この会社で仕事をすることで成長できる、あるべき自分に近づけるというような「本人の内なる欲求に沿った価値観」です。

私の研修に参加してくれたマネジャーからよく聞くのは、「最近の若者は、収入のために出世するということをあまり重要視していない。したがって、出世は働き甲斐の対象から外れている」という感想です。確かにそのような若者が増えていることは事実でしょう。

では、彼ら・彼女らの働き甲斐は、どこに向けられるようになったのか？

その多くが、この「自己成長・自己実現」だと考えられます。

把握すべきは、次のようなポイントです。

- **今までで一番うれしかったことは何か？**
- **どんな自己成長・自己実現を目指しているのか？**
- **5年後、10年後は会社で何をしていたいのか？**
- **自己実現のために今までどんな努力をしてきたか？**
- **自己実現のためにこれからやりたいと思うことは何か？**

これらの情報も、今後あなたが部下に仕事を任せていく上での貴重な情報となります。

## 他者への貢献

把握すべき部下の価値観の3つめは、他者への貢献です。

対社会、対会社、対顧客、対仲間……自分以外の他者への貢献に関する価値観です。

日本人の「おもてなし」のメンタリティーを考えれば、「他者への貢献」を価値観の中心に据えているビジネスパーソンは少なくないはずです。

部下の価値観について把握すべきは、次のようなポイントです。

- **他者への貢献に関してどのような価値観を感じているのか？**
- **貢献したいと考えている「他者」とは、社会、会社、上司、顧客など、どれか？**
- **なぜ貢献に意義を感じるのか？**
- **これまでに印象的だった他者への貢献は何か？**

これらの情報も、今後あなたが部下に仕事を任せてゆく上での貴重な情報となります。

## 楽しさ

部下の価値観の4つめは、楽しさです。

前項までの、収入、自己成長・自己実現、他者への貢献は、いずれも「何かを頑張った成果」として得られるものです。しかし「働く意義」は成果だけでなく、プロセスそのものにも見いだせるものです。

それを、「楽しさ」という言葉で代表させました。

- **自分の持ち味や個性が活かせる**
- **周囲から尊重される**
- **大好きな仕事だ**
- **好きなやり方で仕事ができる**
- **仲間が最高だ**

など、仕事や職場に働き甲斐を感じる部下は多いはずです。

上司として把握すべきことは、次のようなポイントです。

- **仕事のどんなところに楽しさを感じているのか？**
- **友人に自慢するとしたら何を自慢したいか？**

**部下の価値観を把握するシート（記入例）**

## 仕事に対する価値観

記載者：

該当部下コード：

| 収入 | 自己成長・自己実現 |
|---|---|
| ・この会社で考えうる最高の給与を手にしたい<br>・どうせやるなら、実績を収入に反映させたい<br>・人生100年時代に備えて投資や貯蓄をしているので収入にはこだわりがある | ・この会社での仕事を通じて、営業の仕事や経営に関する知識を得たい<br>・5年後は、マネジャーポジションに就き、10年後は海外で仕事をしたい<br>・グローバルなものの考えを身につけて、視野を広げたい<br>・１年後にTOEIC800点を取得したい |
| **他者への貢献** | **楽しさ** |
| ・他者貢献に喜びを強く感じる<br>・特に、人に何かを教えて、喜んでもらうことに喜びを感じる<br>・現状では、後輩指導や、他部署を支援できたときに充実感を感じる | ・社長が社員を信頼しており、各マネジャーがその考えを尊重している<br>・古い考えにとらわれずいいものならどんどん取り入れてくれる<br>・マネジャーに相談するといつでも「もちろん」と言って時間を作ってくれる |

【重要】個人情報が漏洩しないよう十分留意しましょう

仕事のどこに楽しさを感じているかは、部下に気持ちよく働いてもらうための貴重な情報となります。

以上、４つの価値観の切り口をご紹介しました。ぜひ参考にしてください。

なお、これらの価値観は、その人の深い部分での「思いや考え」ではありますが、変わっていくこともあります。

「会社で新しい役割を任された」、「仕事で大きな成功（失敗）をした」、「家庭を持った」、「子供が生まれた」など、公私の別なく、「役割や立場の転換」とともに大切にするものが変化するからです。適宜「アップデート」しましょう。

上の表のようなテンプレートを準備しましたので、ダウンロードページから入手して活用してください。

ただし、個人情報にあたる内容も含まれますので、取り扱いには十分注意しましょう。

そのためにも、部下の氏名を書かずに、あなただけにしかわからない**当該部下のコード番号**を記載するなどの工夫をしてください。

## 適した仕事の仕方に対する理解

最後に「適した仕事の仕方」という切り口で、部下への理解を深めていきましょう。

私たちには、それぞれ「適した仕事の仕方」があります。

例えば、仕事の指示を、文章で受け取りたい人もいれば、口頭で受け取りたい人もいます。仕事を始めるにあたり、十分考えてから行動したい人もいれば、すぐに行動したいという人もいます。意思決定を自分でしたいと思う人もいれば、自分は補佐役に回りたいという人もいます。

したがって、仕事の指示を「文章」で受け取りたい人に対して「口頭で指示」をしてしまうと、誤解や聞き漏らしが多発するかもしれません。

また、十分考えてから行動したい人に対して「即実行」を求めると、力を発揮できず、その任務に失敗してしまうか、成功したとしても、その部下にとって多大な困難の伴う業務遂行になることでしょう。

## 適した仕事の仕方

| | | |
|---|---|---|
| 情報のもらい方（Input） | 直接説明してほしい | 文章でもらいたい |
| 情報の伝え方（Output） | 直接説明したい | 文章で伝えたい |
| 意思決定 | 自分でしたい | 自分ではしたくない |
| 好きな役割 | リーダー | フォロワー |
| 行動の素早さ | すぐに行動 | じっくり考えてから行動 |
| 仕事の進め方① | 自由に進めたい | ある程度の規制がほしい |
| 仕事の進め方② | 一人で進めたい | 他者とともに進めたい |
| 仕事の進め方③ | 緊張感の中で進めたい | 安心感の中で進めたい |
| 仕事に対する支援の必要性 | 最低限でよい | 手厚くほしい |
| 学び方 | 自分の体験で学びたい | 他者の体験談から学びたい |

そうした「多大な困難」を部下の育成のために意図的に味わわせようと考えたのなら話は別ですが、単に部下の適性に対する無理解の結果だとしたら「業務指示戦略ミス」です。

部下ごとに適した仕事の仕方・学び方を把握しておけば、仕事の任せ方の重要なヒントになります。

上の「適した仕事の仕方」の表を参考に、部下の適性を把握してください。

ここまで見てきた部下の理解に関する項目（強みを知る、価値観を知る、仕事の仕方、学び方を知る）は、ピーター・ドラッカーが『プロフェッショナルの条件』（ダイヤモンド社）で重要視している項目に準じています。

ドラッカーは、同書の中でビジネスパーソンの働き方に対して次の通り警鐘を鳴らします（一部、表現を変えています)。

**生き生きと働くためには、自らを最も貢献できる場所に置いて、成長していかなければならない。最も貢献できる場所を知るためには「自分自身の強みを知る、仕事の仕方、学び方を知る、価値観を知る」ことが不可欠である。**

**ところが多くの人が自らの強みに気づいていない、適した仕事の仕方を実践していない、価値観に合わない仕事をしている。**

つまり、あなたの部下も、これら3項目を理解せず、日々の仕事を遂行している可能性が高いのです。

したがって、あなたがこれら3項目に基づいて部下への理解を深めることは、「**部下の最も貢献できる場所**の発見」につながり、部下の大きな成長を実現させることにほかならないのです。

# 任せる部下の決め方【6分類】

強み、弱み、価値観、適した仕事の仕方という切り口で「戦力たる部下の理解方法」を見てきました。次に、それらを把握した上で**任せる部下をどのように決めるべきか**を考えましょう。これがまさに、本章の主題「任せる部下を決める」というテーマです。

任せる部下の決め方を、以下の6つに分類してご紹介します。

## ①成果が期待できる人に任せる

「任せれば確実に成果が期待できる人」に任せる方法です。

ビジネスパーソンは「成果を上げること」を常に期待されていますので、「できる人に任せる」ことは最も基本的な任せ方だと言えます。会社や事業に対する「貢献度」が高い任せ方です。

任せる部下の**「強み」**が、人選の判断材料となります。例としては次の通りです。

- 戦略思考や分析力の高い部下に「営業管理ツールの活用方法を構築させる」

●対人能力の高い部下に「重大なクレーム処理」を任せる

## ②成長が必要な人に任せる

「その仕事を通して成長してほしい人」に任せる方法です。見すごすことのできない弱み、すなわち「改善点」を持っている部下に対して、その部下の苦手な仕事、頑張ればなんとか成功するであろう仕事、場合によっては失敗するかもしれない仕事を任せます。

重要なのは、「その仕事が大成功すること」ではなく、「仕事を通して部下が学習や成長をすること」です。

会社や事業に対する「短期的な貢献度」は低い任せ方ですが、社員の成長による中長期的な貢献を狙っています。

任せる部下の**「弱み」「改善点」「成長課題」**が、人選の判断材料となります。

●会議の運営が苦手な部下に「朝礼の進行」を任せる
●文書作成の苦手な部下に「会議の議事録」作成を任せる

## ③モチベーションの高い人に任せる

その仕事を「希望している人」に任せる方法です。

成功するかどうかよりも、本人の「モチベーション」「働き甲斐」を重視した任せ方です。任せる部下の**「価値観」や「好きなこと」**が人選の判断材料となります。

さまざまな場面で適用できる任せ方で、「その人の成長の速度を上げたいとき」「その人の停滞期を脱出させたいとき」などのように、両極端な状態でも戦略的に使用することができます。

- 「他者への貢献」を重要視している部下を「働き方改革プロジェクト」に参画させる
- 最近元気がない「話し好きな社員」に「新入社員向けスピーチ」の仕事を任せる

## ④向いている人に任せる

その業務遂行が「向いている人」に任せる方法です。「適材適所」という言葉が最も当てはまる任せ方です。

この任せ方をされた部下は、「水を得た魚」のように業務を遂行することが期待できます。

その意味では「働きやすさ」を重視した任せ方です。任せる部下の**「適した仕事の仕方」**が人選の判断材料となります（③のモチベーションの高い人と重なるところが多いかもしれません）。

- 緊張感の中で仕事を進めることを好む部下に「重要なプロジェクトのリーダー」を任せる
- 文書作成が得意な部下に「社内報の作成」を指示する

以上4つの任せ方が、これまで見てきた「強みの理解、弱みの理解、価値観の理解、部下の適した仕事の仕方に対する理解」に連動した「任せる部下の決め方」です。

このような考え方で仕事と部下をマッチングさせれば、部下の成長、働き甲斐の向上、働きやすさの向上を狙えます。ぜひ、あなたの仕事の任せ方の参考にしてください。

ところで、以上の①～④の任せ方はいずれも「**部下に合わせた**仕事の任せ方」です。

このような「**部下フォーカス**」の仕事の任せ方は、部下に寄り添い、部下を主役として業務を遂行させるための有効な手法です。

しかし、この手法に偏りすぎると、部下がバランスよく成長しないというリスクも発生し、結局部下のためになりません。自分の部下を「**組織の一員としてやるべきことができている**」という状態にすることも、マネジャーの重要な仕事です。

そのために有効な考え方が、5つめの「やるべき人に任せる」という手法です。

### ⑤やるべき人に任せる

これは、「部下フォーカス」というよりも**「期待役割フォーカス」**の任せ方です。どちらかというと**自らの「期待役割」を果たしていない部下に、その期待に見合う仕事を任せる**という方法です。

社員の「期待役割」は「職務記述書（ジョブ・ディスクリプション）」や「等級別役割基準書」など、名称は異なれども、企業ごとに厳密に定められているはずです。

これらは、社員が働くための基本中の基本ですが、あまりにも基本すぎて日常業務の場面では「軽視」されがちです。そのような状況は、もちろん間違っています。会社が「基本だ」と決めている「期待役割」を発揮していない部下には、改善を求めなければいけません。

「期待役割」は、経験の浅い社員は全うできていないかもしれません。しかし、それは経験不足や知識不足に起因するものが多いでしょうから、マネジャーの通常の指導の範疇となるでしょう。したがって彼ら・彼女らの「期待役割を果たす能力」の成長曲線は、上昇傾向にあると言えます。

これは問題ありません。

問題は、**期待役割を果たしていない中堅・ベテラン社員**です。

このような社員は、日々の忙しさや、繰り返されるルーティン業務の中で少しずつ働き甲斐を失い、マンネリ社員、ことなかれ社員、現状維持社員へと退化したのかもしれません。

あるいは、どこかのタイミングで「昇格・昇進」を断念し、働き甲斐を失っているのかもしれません。

誰の責任かといえば、もちろん本人の責任に違いありませんが、そのような社員を生み出してしまったマネジャーが無罪かといえば、そうでもないように思います。

「性弱説」という考え方をご存じでしょうか？　起源ははっきりしませんが**「人間は脆《もろ》く弱い存在であり、状況によっては過ちを犯すことがある」**という考え方です。その考えに立脚すれば、マネジャーから「的確な警告」がなければ、ついつい「楽で安全な働き方」に逃げ込んでしまうこともあるはずです。

この「的確な警告」の有効な一手段が、「期待役割フォーカス」の業務指示です。

「期待役割フォーカス」の業務指示では、相応の社歴を持つ社員なら「できて当たり前」のことを指示しますので**「いい成果」であっても特に称賛すべきものではありません。**

逆にできなかった場合は、看過できない「職務遂行能力不足」と認識され、より厳しい改善指導が必要となるかもしれません。このような指導を受けている期間は、部下にとって苦労の多いタフな時間となるかもしれませんが、将来のためには大切な時間となるでしょう。

## ⑥救世主に任せる

最後は「救世主に任せる」です。

つまり、その仕事を引き受けてくれる部下なら**誰でもよい**という考え方です。

- 突然休んだ部下の代わりに、客先に書類を届けることをお願いする
- 急遽、出張が決まったので、自分の代わりに朝礼を進行してもらう
- 倉庫整理を手伝ってもらう

これらはいずれも、部下の育成とは無縁の雑務についての業務指示です。たまたまそこにいた人に任せることもあるでしょう。その部下こそ、あなたにとっての「救世主」です。

ちなみに「任せる部下の決め方①〜⑤」までは「戦略的業務指示」なので、実行後は部下を「評価」することになります。

しかし、この「救世主に任せる」は「戦略的業務指示」ではありませんので、「評価対象」ではなく「感謝対象」です。

あなたを助けてくれた「救世主」には、しっかり「感謝」しましょう。

**本当に助かりました。ありがとう！**

コラム

# 言ってはいけない「ありがとうございます」とは？

営業パーソンにとって、お客様が「わかった、採用しよう」と言ってくれる瞬間ほどうれしいものはありません。

長い準備を経て、上司のプレッシャーにも耐えながら進めた商談が成功し、喜びでいっぱいになります。

しかし、その瞬間、あなたはつい、「ありがとうございます！」と言ってしまっていませんか？

実は、この言葉が営業成績に悪影響を与えている可能性があるのです。

例として、病院でのシチュエーションを考えてみましょう。

あなたは突然の腹痛に襲われ、病院で検査を受けたところ、医師が次のように言いました。

「かなり悪化しています。薬で様子を見る方法もありますが、症状が進行しているので手術が選択肢に入る段階です。私は手術をおすすめしますが、どうしますか？」

あなたは驚きながらも、「わかりました。手術を受けます」と決断。

その直後、医師が満面の笑みで「ありがとうございます！」と言ったらどう感じますか？

「え？　なんでそんなにうれしそうなんだ？　この手術、本当に必要なのか？　もしかして病院の利益のため？」と不信感を抱きませんか？

営業でも同じです。

お客様が決断した直後に、営業パーソンが「ありがとうございます」と言うことで、「この提案は本当に自分のためだったのか？」と疑問を持たせるリスクがあります。

これは、営業パーソンが無意識のうちに自分の成績や成果を喜んでいるように見えてしまうからです。

お客様は「この提案は、私の課題を解決するために本当に最適だったのか？」と疑念を抱いてしまう可能性があります。

先ほどの病院の例に戻ると、ほとんどの医師は次のように言うでしょう。

「よくご判断なさいましたね。手術は怖いかもしれませんが、私たちは最善の体制を整え、あなたの快復に全力を尽くします。安心してください。一緒に頑張っていきましょう」

つまり、医師は「ありがとうございます」とは言わないのです。

なぜなら、医師はプロフェッショナルとして患者のために治療を提供しているからです。

営業パーソンも同じく、プロフェッショナルとして製品やサービスを紹介しているはずです。

にもかかわらず、営業の場面では「ありがとうございます」をくり返し、結果的にお客様を不安にさせてしまうことが多いのです。

お客様が決断した瞬間に伝えるべきなのは、感謝ではなく称賛です。

「部長、素晴らしいご判断ですね」

「聡明なご決断に敬服いたします」

「この製品は本当に素晴らしいものです。半年後にはその価値をご実感いただけるでしょう」

「成功を確実にするため、引き続きご提案を続けていきます」

この言葉を使うことで、営業パーソンは単なる売り手ではなく、お客様の成功をサポートするプロフェッショナルとしての立場を確立できます。

また、お客様の判断をポジティブに評価することで、「自分の決断は正しかった」と思わせる効果もあります。

これにより、お客様の満足度が高まり、長期的な信頼関係を築くことができるのです。

その意味では、課題解決営業において、「ありがとうございます」はお客様の言葉です。

つまり、課題解決営業員は、「ありがとうございます」を言うのではなく、言ってもらうことがゴールです。

では、営業パーソンは「ありがとうございます」と言わないのでしょうか？

もちろんそんなことはありません。

しかし、営業パーソンが本当に「ありがとうございます」と言うべきタイミングは商談の最後です。

「本日はお時間をいただき、誠にありがとうございました」

こうすることで、感謝の気持ちはしっかり伝えつつ、お客様の決断の正当性を損なうことなく関係を築くことができます。

お客様が決断した直後には「ありがとうございます」と言わず、代わりに相手の判断を称賛し、プロとしての立場を示す。そして、感謝は商談の最後に伝える――。

この意識を持つだけで、営業成績の向上はもちろん、お客様との信頼関係の強化も期待できます。

明日から、あなたの「ありがとうございます」の登場シーンを変えてみませんか？

# 第4章

# 仕事を任せる（戦略的業務指示）

## 任せる仕事の選定から任せるまでの流れ

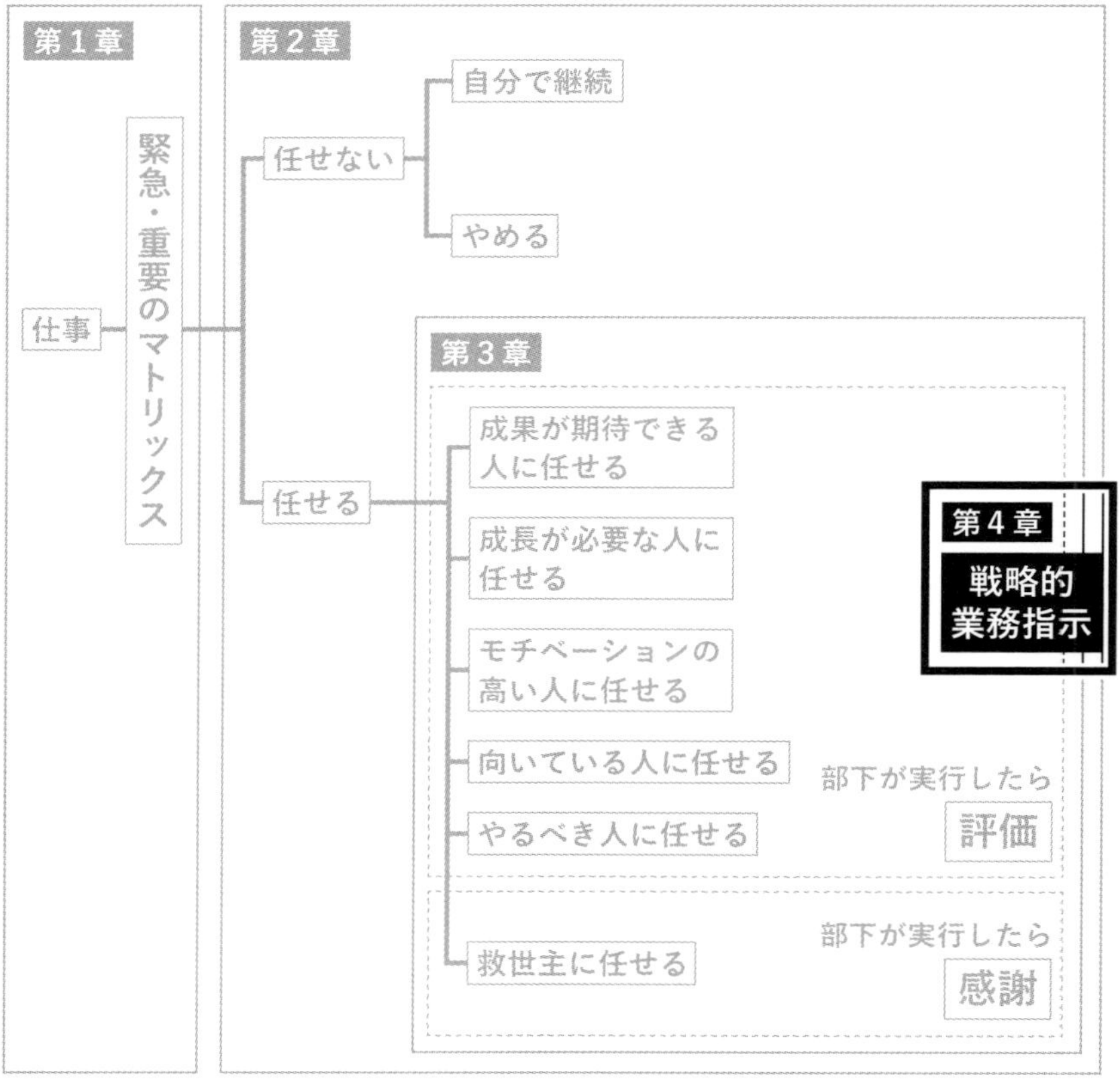

# 仕事を「お願い」してはいけない

さて、あなたは通常、どのような言い方で仕事を任せていますか？

- A君、これやっといて。明日までによろしく。（無茶ぶり）
- Bさん、これお願いします。やり方は全部任せる！（丸投げ）
- Cさん、これ難しいけどCさんならできるはず。よろしく！（謎の信頼）
- Dさん、この前これ上手にやってくれたよね。さすが！ 今回もよろしく！（媚《こび》売り）
- E君、悪いけど、これ頼んでもいいかな？ 今度おごるからさ。（交換条件）

これらは極端なNG例ですが、実はこれに似た業務指示はよく見かけます。

特に、3つめの「～さんならできる」ふうの言い方は、「部下のモチベーション向上研修」受講後のマネジャーが乱発しがちです。悪くはありませんが、口先で言っているだけだと部下はすぐに見破ります。

右の業務指示をもう一度見てください。すべて**「お願い」**していますね。

つまり、この業務指示で喜ぶのは上司側です。このような指示は「私はマネジャーのために仕事をするんだな」と部下に感じさせかねません。

「戦略的業務指示」は、部下の育成が目的です。したがって、主体は部下でなければいけません。上司の「自己都合」ではダメなのです。

では「部下の育成を目的とした業務指示」、すなわち「戦略的業務指示」とはどのようなものなのか、ケーススタディーを通して考えましょう。

## ケーススタディー 八代さんへの業務指示

夏木マネジャーは、関東圏に展開するオフィス機器販売会社の東京第1エリアを担当しています。東京第1エリアは厳しい競合状況にもかかわらず、ここ数か月で、とてもいい営業成績を上げています。

今朝、直属上司の平野セールスディレクター（部長）から依頼を受け、「営業員用のスキルアップマニュアル」の作成を指示されました。

平野ディレクターは、好調な東京第1エリアのノウハウを、すべての営業員と共有したいと考えたのです。

平野ディレクターの要望は、以下の通りです。

- **営業活動を、商談前　商談中　商談後に分類し、各段階での「重要な心構えや行動」を明確にした「スキルアップマニュアル」を作成する**
- **完成期限は、9月28日**
- **作成書式は、ワードA4縦型（横書き）で最大10ページ**

夏木マネジャーは、平野ディレクターから「名誉ある業務指示」を受けたことを光栄に思う一方、頭を痛めていました。なぜなら現在、9月14日に開催される「新製品展示会」の準備に追われており、「スキルアップマニュアル作り」にあてる十分な時間がないのです。

いろいろ考えた結果、この「スキルアップマニュアル作り」を、部下の八代さんに委任することにしました。

八代さんは入社8年めの36歳、男性社員。ハードワーカーで、営業成績はここ2年間、社内ナンバー1を続けています。また、近頃では珍しいほど「キャリア志向」が高く、エリアマネジャーになるべく、まずはその手前の「主任昇格」を目指して頑張っています。

しかし八代さんは、営業成績は申し分ないものの、やや自己中心的で「チームプレーヤー」とは言えません。東京第1エリア内の5人の年下メンバーも、八代さんとは一定の距離を置いているように見えます。

言うまでもなく、このような特性は八代さんの主任昇格の障害となっています。

実際、本年3月の「昇格者選定会議」で、夏木マネジャーは平野ディレクターに八代さんの昇格を推薦しましたが、「八代さんは確かに成績はいいが、自分本位で、チームプレーや他者への貢献には興味がないようだ」と言って却下されていました。

今回、この業務を八代さんが見事完遂すれば、最大の「他者への貢献」となります。

そうなれば、平野ディレクターに、八代さんの「主任昇格」を推薦する強い材料になります。

また、その成功体験をきっかけに、八代さんが「他者への貢献」の重要性や素晴らしさに気づけば、本人の業務姿勢にもいい影響を与えるはずです。

多くの意味で八代さんが適任だと考えた夏木マネジャーは、この業務を八代さんに委任することを平野ディレクターに伝え、承諾を得ました。

そして明日の朝一番で、八代さんに「スキルアップマニュアル」の作成を指示することにしました。

**あなたが夏木マネジャーだったら、八代さんにどのように業務の指示をしますか？**

少し考えてみてください。

平野ディレクターから受けた仕事をそのまま伝えるならば、次のような任せ方になるかもしれません。

- 八代さん、「スキルアップマニュアル」作りをお願いします。（業務内容）
- 私たち「東京第1エリア」を高評価してくれている平野ディレクターからの直々《じきじき》の依頼です。これが成功すれば、営業グループ全体の成果向上につながる大きな貢献となりますので、ぜひ成功させましょう。（意義）
- 具体的には、営業活動を、商談前　商談中　商談後に分類し、各段階での「重要な心構えや行動」を明確にしたスキルアップマニュアルにしてください。（詳細説明）
- 営業成績のいい八代さんだからこそ頼める仕事です。（任せる理由）
- 部長への提出期限は9月28日なので、その1週間前の9月21日までに私に提出してください。（納期・期限）
- 作成書式は、ワードA4縦型（横書き）で最大10ページです。（形式）
- では、よろしくお願いします。質問があればいつでも聞いてください。

この内容でも、最低限の業務指示は完成していますが、皆さんにご紹介したい「戦略的業務指示」には程遠い内容です。

どうすれば「戦略的業務指示」になるのか。その方法を見ていきましょう。

# 戦略的業務指示

戦略的業務指示で伝えるべき内容は、ここで紹介する13項目です。

これらを情報として部下に伝えることで、「戦略的業務指示」が可能となります。

実際の業務で使用するための「業務指示書」のテンプレートを用意しました（128ページ）。夏木マネジャーのケーススタディーでの記入例をもとに、戦略的業務指示で何を伝えるのか、その内容を順にご案内します。

## ①仕事内容（何をするのか）

実施してほしい仕事の内容を記載する部分です。

可能な限り詳しく、わかりやすく記載する必要があります。そうでなければ、期待していた内容と大きく異なる仕事が提出されるリスクがあります。

## 業務指示書

# 業務指示書

指示日　　　月　　　日

対象者

業務指示者

| 指示項目 | | | 詳細 | 確認 |
|---|---|---|---|---|
| 1 | 仕事内容 | | | |
| 2 | 仕事の意義・重要性 | 会社として | | |
| | | チームとして | | |
| 3 | あなたに任せる理由 | | | |
| 4 | あなたにとっての意義 | | | |
| 5 | 実施(完成)期限 | | | |
| 6 | 報告方法 | | | |
| 7 | 使えるリソース | | | |
| 8 | 中間報告 | | | |
| 9 | 上司の関わり方 | | | |
| 10 | 禁止事項 | | | |
| 11 | 成果の判断 | 1 | | |
| | | 2 | | |
| | | 3 | | |
| | | 4 | | |
| | | 5 | | |
| | | 6 | | |
| 12 | 業務遂行を通して期待すること | | | |
| 13 | 備考 | | | |

## 記入例

# 業務指示書

指示日　8月　31日

対象者　八代幸雄　　　　業務指示者　夏木浩二

| | 指示項目 | 詳細 | 確認 |
|---|---|---|---|
| 1 | 仕事内容 | 全営業員向けの「スキルアップマニュアル」を作成する<br>• 営業活動を、①商談前　②商談中　③商談後に分類し、各段階での「重要な心構えや行動」を明確にする<br>• それがなぜ重要なのかも明示する<br>• 新入社員でもわかるように、専門用語には解説を入れる | |
| 2 | 仕事の意義・重要性 | 会社として：• 最適な「営業ノウハウ」が共有されることで営業成果や効率化が期待できる<br>• 今後の営業員教育体制や、採用基準の見直しにもつながる<br>チームとして：• われわれにとって今期最大の会社貢献となる<br>• 優れた営業チームとして、われわれの評価を確固たるものにできる<br>• チーム全体のモチベーション向上につながる | |
| 3 | あなたに任せる理由 | • 営業員のスキルアップを目的としたマニュアル作成には、「営業力」」の高い八代さんが適任<br>• 短期間での資料完成を成功させるためには、「業務推進能力」の高い八代さんが適任 | |
| 4 | あなたにとっての意義 | • 営業スキルを体系化することで、さらなる営業力向上が見込める<br>• 完遂すれば多大な会社への貢献となり、八代さんの社内評価向上に寄与する<br>• 主任昇格推薦の大きな材料となる | |
| 5 | 実施(完成)期限 | • 9月21日午前10時まで(平野ディレクターへの最終提出の1週間前) | |
| 6 | 報告方法 | • 作成書式：ワードA4縦型(横書き)<br>• 最大10ページ<br>• 提出時に1時間程度で内容の説明をすること | |
| 7 | 使えるリソース | • チームメンバーに相談してよい<br>• 業務完了まで「小会議室A」をプロジェクトルームとして使用してよい<br>• 必要な会議費は事後申請でよい(金額は社内規定範囲内で)<br>• 画像購入などの資料作成経費は10万円まで使用可<br>• 計20時間を当業務にあててよい(参考：毎日1時間×3週間、予備5時間) | |
| 8 | 中間報告 | • 以下の通り「中間報告会」を実施する<br>9月5日(水)　10:00~11:30　小会議室B<br>• 準備すべきもの<br>①業務の進捗状況<br>②完遂に向けての障害・問題点<br>③完遂に向けての今後の行動プラン　※終了後ランチ | |
| 9 | 上司の関わり方 | ①業務遂行中の疑問に対する対応<br>②中間報告会の開催とアドバイス<br>③成果物に対する評価<br>④業務を通した成長の支援 | |
| 10 | 禁止事項 | • ほかのメンバーに強制的に協力させてはいけない<br>• 通常業務を著しく疎かにしてはいけない<br>• マニュアルに「他社を非難するような内容」や「無許可画像」を入れてはいけない<br>• 報告要件を逸脱してはいけない(ワードA4縦型、横書き、10枚まで) | |
| 11 | 成果の判断 | 1　中間報告は要件を満たしていたか？　(Yes／No)<br>2　禁止事項を犯さなかったか？　(Yes／No)<br>3　期限までに完了したか？　(Yes／No)<br>4　成果物は要件を満たしていたか？　(Yes／No)<br>5　成果物の質は高かったか？　(ランダム抽出10人中8人以上の『良』判定) | |
| 12 | 業務遂行を通して期待すること | 1. 八代さんらしい最高のマニュアルを期待している<br>2. 人脈づくりにも取り組んでほしい(できれば10人程度の新規人脈)<br>3. チーム貢献の喜びを感じて、今後の成長につなげてほしい<br>4. 業務完遂後、この業務を通して何を感じたか、学んだかを聞かせてほしい | |
| 13 | 備考 | この業務は会社やチームにとっても重要な資料だが、それ以上に、営業スキルの高い八代さんがどんなマニュアルを完成させるのかが、個人的に非常に楽しみです。 | |

指示した仕事が提出された際に「ちょっと期待と違うんだよな〜」と思った経験はありませんか？　その場合は、あなたの仕事の指示の仕方に問題があったのかもしれません。

部下が理解できる言葉で表現しておきましょう。

記載例

- **全営業員向けの「スキルアップマニュアル」を作成する**
- **営業活動を商談前　商談中　商談後に分類し、各段階での「重要な心構えや行動」を明確にする**
- **それがなぜ重要なのかも明示する**
- **新入社員でもわかるように、専門用語には解説を入れる**

## ②仕事の意義・重要性（なぜこの仕事が重要なのか）

ここでは、その仕事が**どんないいことをもたらすのか、どんな価値があるのか、どれくらい重要なのか**を記載しましょう。それが魅力的であるほど、実行に対する部下のモチベーションや使命感が向上するはずなので、非常に重要な項目です。

その際に重要なのは、「意義・重要性」を**会社視点**と、**チーム視点**に分けることです。

記載例

**会社にとっての意義**

- **最適な「営業ノウハウ」が共有されることで営業成果や効率化が期待できる**
- **今後の営業員教育体制や、採用基準の見直しにもつながる**

**チームにとっての意義**

- **われわれにとって今期最大の会社貢献となる**
- **優れた営業チームとして、われわれの評価を確固たるものにできる**
- **チーム全体のモチベーション向上につながる**

仕事の意義・重要性を伝えるなら「会社にとっての意義」だけでも十分なはずですが、それを上司が伝える場合、「きれいごと」に聞こえてしまうことが少なくありません。

ともすると、上司の「本気度」を感じにくいのです。上司の本気が伝わらなければ、当然、部下の心を動かすことはできません。

しかし、「チームにとっての意義」を上司が語る場合は、チームを率いる当事者・責任者としての言葉なので、等身大で伝えることができ、自然と心がこもるはずです。

その気持ちが部下に伝われば、「マネジャーも本気だな」「これは私たちチームにとって重要な仕事だな」「よし、やろう」という気持ちになってくれるでしょう。

ただしこのとき、「チームとしての意義」が「上司個人にとっての意義」にならないように気をつけましょう。そこに配慮しない言葉選びをすると、「この上司は、チームの責任者として**自分が評価されたいだけ**なのかな」と誤解されかねません。

そのような誤解を生じさせないために、「われわれ」「私たち」のように「Ｗｅ」を使って表現しましょう。

## ③あなたに任せる理由

「あなたに任せる理由」は、その部下にとって最も興味のあるポイントです。「彼ではなく、彼女でもなく、なぜその部下に任せたいのか」、その理由を記載しましょう。

**記載例**

- **営業員のスキルアップを目的としたマニュアル作成には、「営業力」の高い八代さんが適任**
- **短期間での資料完成を成功させるためには、「業務推進能力」の高い八代さんが適任**

業務指示は「お願い」ではありませんので、部下が納得する理由を探す必要はありません。あくまでも上司として、**なぜその部下にその仕事を任せるのか**ということを、整然と記載すればいいのです。

仕事を指示したあとの「なんで私？」という部下の怪訝《けげん》そうな顔を、あなたも見たことがあるでしょう。だからこそ、「あなたに任せる理由」を明確に伝えることが重要なのです。

**戦略的な仕事の任せ方においては、最も重要なパートの一つ**になります。

## ④あなたにとっての意義

③の「あなたに任せる理由」は、上司側が考える「業務委任の理由」でしたが、ここでは、その仕事をすることが**その部下本人にとってどのような意義があるのか**を表現します。

記載例

- **営業スキルを体系化することで、さらなる営業力向上が見込める**
- **完遂すれば多大な会社への貢献となり、八代さんの社内評価向上に寄与する**
- **主任昇格推薦の大きな材料となる**

業務遂行における自分にとっての意義は、本来なら部下自身が考えるべきものです。

しかし、それができる部下は多くはないでしょう。「仕事を通してどう成長するか」よりも、どちらかと言えば「仕事を失敗しないようにしよう」「上司に叱られないようにしよう」という気持ちが勝っているからです。

だからこそ、部下に対して「あなたにとっての意義」を明確に伝えてあげましょう。それに成功すれば、部下は高いモチベーションで業務を遂行し、自分自身の成長につなげることができるでしょう。逆にうまく伝わらなければ、仕事を任せた部下は「単に仕事を実施するだけ」となり、本来の成長機会を逃してしまいます。

こんな、もったいないことはありません。「あなたにとっての意義」は、それほど重要なパートなのです。

ここで、ここまでの内容を振り返ってみましょう。仕事の意義を「会社→チーム→自分」と、徐々に「自分」に近づけて実行のモチベーションを高めようとしている戦略が見えるはずです。

各項目によって、部下の気持ちをどのように動かそうとしているのかを「想定する部下の心情」から理解してください。

**会社にとっての意義**

- **最適な「営業ノウハウ」が共有されることで営業成果や効率化が期待できる**
- **今後の営業員教育体制や、採用基準の見直しにもつながる**

（想定する部下の心情）なるほど、そういうことか、まあ、それは理想ですよね……。

**チームにとっての意義**

- われわれにとって今期最大の会社への貢献となる
- 優れた営業チームとして、われわれの評価を確固たるものにできる
- チーム全体のモチベーション向上につながる

（想定する部下の心情）そうか、それはまさしくうちのチームでやらないとな。でも、なぜ私？

**あなたに任せる理由**

- 営業員スキルのアップを目的としたマニュアル作成には、「営業力」の高い八代さんが適任
- 短期間での資料完成を成功させるためには「業務推進能力」の高い八代さんが適任

（想定する部下の心情）なるほどそういう理由か。でも、結構大変そうだな。今、忙しいし……。

**あなたにとっての意義**

- 営業スキルを体系化することで、さらなる営業力向上が見込める
- 完遂すれば多大な会社への貢献となり、八代さんの社内評価向上に寄与する
- 主任昇格推薦の大きな材料となる

（想定する部下の心情）そうか！ これは私にとって大きな意義のある仕事だ。

## 成長できるし、何より「おいしい仕事」じゃないか！もっと詳しい内容を知りたい！

営業部門の方ならおわかりの通り、「あなたにとっての意義」は、営業トークの「利益説明」に相当します。

一般に製品が購入されるのは、「製品特徴（Feature）」や「他製品より優れた点（Advantage）」を理解したときではなく、その製品を使用したときの**「利用者にとっての利益（Benefit）」**が伝わったときです。

仕事の指示においても、部下にとっての意義（利益）を伝えることが重要なのです。

また、ここで重要なのが、「あなたにとっての意義」の内容を「部下の価値観や部下に適した仕事の仕方」を考慮して選ぶということです。

ケーススタディーでの八代さんは「キャリア志向」の高い部下なので「社内評価向上」「推薦の材料」という意義を選んでいますが、「キャリア志向」の低い部下には、このような言葉は響きません（むしろ逆効果になる場合さえあります）。

例えば、「キャリア志向」は低いが「他者への貢献」を大切にしている部下の「あなたにとっての意義」は**「業務完遂後の組織貢献感は、過去最高レベルになる」**と、表現したほうが効果的です。

「自己成長」を大切にしている部下なら**「この仕事を通して、営業論の確立、協働体験から得る人脈の広がり、資料作成に関する知見の蓄積、など大きな成長が期待できる」**のような表現にすべきです。

相手の気持ちを動かす重要パートなので、丁寧に戦略を練る必要があります。

このような工夫は「聞き手主体」というコミュニケーションの原則に則っています。相手を動かすためには、話し手が言いたいことを単に伝えるのではなく、「聞き手が動きたくなるように伝える」ことが重要です。

## ⑤実施（完成）期限

仕事の実施期限・完成期限を伝える部分です。

記載例

- **9月21日　午前10時まで（平野ディレクターへの最終提出の1週間前）**

留意点は以下の2点です。

**期限に余裕を持つ**

提出された成果物に修正、追加作業が必要なこともあります。余裕を持った期限設定が必要です。

**完成期限は「時刻ベース」で**

成果物の提出を求める際は、「何月何日の何時まで」というように、期限は必ず「時刻」で伝えるようにしましょう。

あなたが部下に仕事を「金曜日までに提出してください」とだけ言って任せたとき、「午前中までには提出するだろうな」と（勝手に）思っていたとしても、部下は「金曜日の17時まででいいだろう」と思っているかもしれません。

その場合、部下は16時半にうれしそうに仕事を提出するでしょうが、あなたの顔はそのとき「渋い顔」になっていることでしょう。部下はそんなあなたの顔を見て、「なんだよ。一生懸命やったのに、ご苦労さまの一言もないのか……」と思い、次の業務指示は「できる限り拒否しよう」と固く心に誓うのです。

## ⑥報告方法

業務の報告方法を明記します。報告方法を明確にするということは、任せた仕事の「完成形」「完成イメージ」を伝えるということです。
あなたの期待に沿った仕事が報告されるように、極力、具体的に記載しましょう。

**記載例**

- **作成書式：ワードA４縦型（横書き）**
- **最大10ページ**
- **提出時に１時間程度で内容の説明をすること**

ケーススタディーのように、成果物の提出を求める業務指示であれば、比較的簡単に記載することができますが、何かの行動を指示する場合は具体的な成果物がないため、記載しようがありません。

例えば、部下に「新入社員への営業マナー指導」を任せたとしたら、こんな報告になりかねません。

**あなた「この前頼んだマナー指導、やってくれた？」**
**部下「はい、やりました」**
**あなた「本当？」**
**部下「本当ですよ。２時間みっちり実施したので、２人ともかなりよくなりましたよ」**
**あなた「そうか、それはよかった。ありがとう！」**

## 業務完了報告書（兼進捗報告書）

| | |
|---|---|
| 報告日 | |
| 報告者 | |

| | | | | |
|---|---|---|---|---|
| 実施業務 | | | | |
| 実施状況 | 完了 | 進行中 | 未着手 | 完了予定日 |
| | | | | |
| 活動内容 | | | | |
| 成果物 | | | | |
| 自己評価 | A：期待以上 | B：期待通り | C：一部不備あり | D：問題あり |
| ※自己評価がC、Dの場合はその理由 | | | | |
| その他連絡事項 | | | | |
| 備考 | | | | |

……これでは、任せた仕事の成果を確認することができません。

このような場合は、「業務完了報告書」の提出を求めましょう。

完了報告は、報告してほしい内容が案件ごとに異なると思いますが、140ページのようなテンプレートを用意しておけば、どのようなタイプの仕事でも適切な報告を得ることが可能です。

## ⑦使えるリソース

当該業務の遂行にあたって、使用してよいリソースを記載します。仕事を進める上では、多かれ少なかれ、リソース（資源）が必要です。

リソースとは「人・物・お金・情報・時間」を指します。それらに関する使用権限や裁量権を与えることは、業務遂行における「武器」を提供することであり、成功の決め手にもなりうる重要項目です。

具体的には、以下のような内容になります。

**人　：社内外で協力要請をしてよい人は誰か？**

**物　：使用可能な物品は何か？（会議室、倉庫、機器類、社用車など）**

**お金：使用可能な経費はどの程度か？**

**情報：使用可能な社内外の情報は何か？**
**時間：その仕事をする際に費やしてよい時間はどの程度か？**

記載例

- **チームメンバーに相談してよい**
- **業務完了まで「小会議室A」をプロジェクトルームとして使用してよい**
- **必要な会議費は事後申請でよい（金額は社内規定範囲内で）**
- **画像購入などの資料作成経費は10万円まで使用可**
- **計20時間を当業務にあててよい（参考：毎日1時間×3週間、予備5時間）**

このようなリソース情報があれば、

**「そうか、一人でやるのではなく、いろいろな人の協力を得られるんだな。そして会議室も使えるし、会議に関する経費も使っていいんだな。使える情報もたくさんあるし、この仕事に費やしていい時間もわかったから、通常業務とのバランスをとる参考になるな」**

……などのように、業務遂行のイメージが湧いてきます。

このイメージが湧かないと、部下は「この仕事をやり遂げられるだろうか……」と不安を抱えたまま話を聞き続けることになります。その状態では、落ち着いて業務の指示を受けることはできないでしょう。

また、リソースは業務を成功に導く「武器」でもあります。

具体的にどんなリソースを提供すべきかは、業務の質、難易度、業務実行期間、任せる部下の状況などによって異なります。事前にしっかり考察する必要があります。

ちなみに、通常業務では使ったことがないような「リソース」の使用許可をもらうことで、その仕事が**「ちょっと特別なもの」**になります。

多くの場合、人は「特別任務」には奮い立つものです。使用可能なリソースを示すことは「モチベーション向上」にもつながるのだということを、理解しておいてください。

## ⑧中間報告

中間報告方法を記載します。いつ、どのように実施するのか、どんな準備が必要かを記載しましょう。

記載例

以下の通り「中間報告会」を実施する

日　時：9月5日（水）午前10時から11時30分

場　所：小会議室B

**準備物：業務の進捗状況、障害・問題点、今後の行動プラン**

任せた仕事の内容にもよりますが、指示してから報告まで2週間以上かかるような仕事を任せたのであれば、「中間報告会」の設定を推奨します。

中間報告の開催タイミングは2通りです。

**進捗状況に関わらず、特定の報告日に開催する**

- 毎週月曜日　午前10時から11時

**特定の報告日を設けず、特定の作業終了時点で開催する**

- プレゼンテーションの概要が決まった時点で開催
- 参加者の人数が確定した時点で開催　など

## ⑨上司の関わり方

戦略的業務指示においては、「業務丸投げ」はありえません。

上司として、当該業務遂行にどのように関わるのかを記載しましょう。

**記載例**

- **業務遂行中の疑問に対する対応**
- **中間報告会の開催とアドバイス**
- **成果物に対する評価**
- **業務を通した成長の支援**

特に「**業務遂行中の疑問に対する対応**」については、これを伝えることで「丸投げされているわけではないな」「随時、支援を求めていいんだな」というような「一体感・安心感」を与えることができます。一人でやりきる自信がない部下にとっては重要な情報なので、必ず記載しましょう。

ちなみに、戦略的業務指示における「上司の関わり」としては、例に示した項目は「必須項目」なので、毎回同じ内容を提示してください（もしも中間報告会を予定していないなら、2つめは除いてください）。

それ以外に必要な「上司の関わり」があるなら、追加で記載しましょう。

## ⑩ 禁止事項

禁止事項とは、その業務遂行においてやってはいけないこと（タブー）を表したものです。

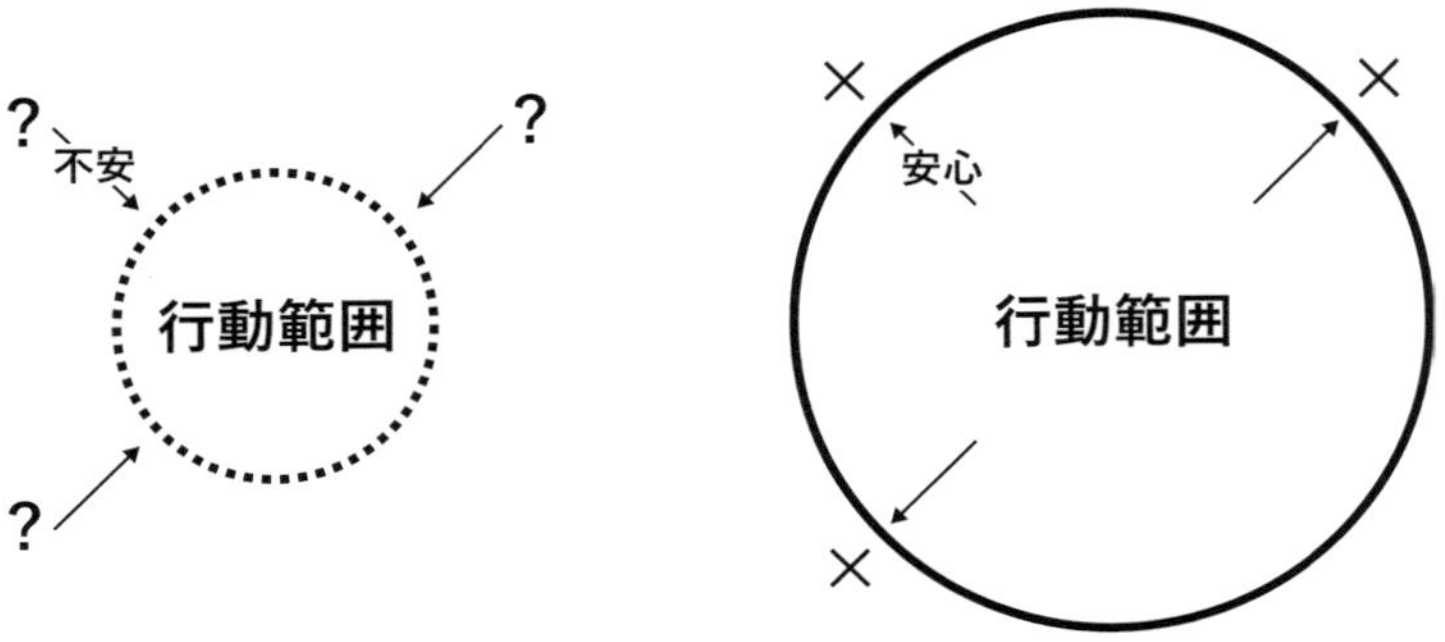


禁止事項が不明確だと
漠然とした不安が行動範囲を狭める

禁止事項が明確だと
安心して行動範囲が広がる

これを記載することで、「望ましくない問題」が生じるリスクを低減することができます。

**記載例**

- ほかのメンバーに強制的に協力させてはいけない
- 通常業務を著しく疎かにしてはいけない
- マニュアルに「他社を非難するような内容」や「無許可画像」を入れてはいけない
- 報告要件を逸脱してはいけない（ワードA4縦型、横書き、10枚まで）

あなたは「部下が失敗してもいい。そこから学ばせることが重要だ」と考えて業務指示をしたかもしれません。それこそ「戦略的業務指示」の名にふさわしい考え方です。

しかし、犯してよい失敗には上限があります。失敗を「許容できる範囲内」に収めるために、「禁止事項」を明確に伝えておきましょう。

ちなみに、禁止事項の伝達は「活発な行動の誘発」にも効果があります。

なぜならば、禁止事項は「これをやってはいけない」という「行動制限」であると同時に、「ここまではやってよい」という「行動の許容」でもあるからです。その結果、部下の行動は「禁止事項」を伝えていなかったときに比べて、**むしろ広範囲に及ぶ**ことがよくあるのです。

言わば禁止事項は「遊泳区域を示す浮標（ブイ）」のようなものです。

ブイがなければ、それを大胆に越えて事故に遭うか、事故を恐れて波打ち際で控えめに遊ぶことになるかです。

行動規範を適正に広げるためにも、禁止事項を熟考して必ず伝えましょう。

## ⑪成果の判断

任せた業務の評価基準を記載します。

「戦略的業務指示」は、任せた仕事の成果をもとに部下を育成します。

したがって、仕事の成果に対する**的確な評価基準**を設けておく必要があります。

記載例

- **中間報告は要件を満たしていたか？**
- **禁止事項を犯さなかったか？**
- **期限までに完了したか？**
- **成果物は要件を満たしていたか？**
- **成果物の質は高かったか？**

**（ランダム抽出10人中8人以上の『良』判定）**

重要なことは「評価基準がある」だけではなく、「評価基準が**部下と共有されている**」ということです。そうでなければ、実際の評価の場面で、部下は「それは聞いていなかった」「自分の努力が正当に評価されていない」というような不平・不満・不信感を持つことになります。必ず、事前に共有しておきましょう。

言うまでもありませんが、業務評価は部下にとって非常に重要です。あなたが考えている以上に部下は重要視しているものです。それは「昇進・昇格」を切望する社員に限ったことではなく、全社員に共通する認識です。「評価」は、人間の「承認欲求」に深く関連するマネジメント行動だからです。

なお、評価基準は、常に「測定可能」でなければいけません。明確にYES／NOで判断できるか、または具体的な数値を評価基準としてください。

したがって、「適切だったか」「十分だったか」「努力したか」のような表現は、判断基準があいまいなので使用してはいけません。これは本当に重要です。

評価基準の例の5つめの「成果物の質は高かったか」というのは抽象的な表現ですが、その根拠（エビデンス）として「ランダム抽出10人中8人以上の『良』判定」のように基準を数値化している好例となっています。

なお、評価基準項目は多すぎると焦点がぼやけるので、7～8項目程度を推奨します。

## ⑫業務遂行を通して期待すること

業務を通して期待する成長ポイントを記載します。

前項「⑪成果の判断」は、業務上の評価に直結する公式なものですが、本項の「期待すること」は**もっとカジュアル**なものです。業務指示者、評価者としてではなく、親のような存在、人生の先輩、仲間としての期待や思いを伝えましょう。

このような思いを伝えることは、部下に対する「自己開示」の一つです。

自己開示をすることで、部下は、

**「マネジャーは、そういうふうに考えてくれるのか、意外だな」**

**「マネジャーは、日頃からそういう思いを持っていてくれたのか、知らなかった」**

**「マネジャーは、そんなふうに期待・応援をしてくれているのか、うれしいな」**

という思いになるかもしれません。自己開示の内容が部下にとって意外であればあるほど、「この期待や思いに応えたい」という気持ちになるものです。ぜひ、そんな思いを表現してください。

これが、部下との相互理解を深めることにもつながります。

「期待すること」は、次の例のように「話し言葉形式」で準備しておくと評価面談時に役立ちます。

記載例

- **八代さんらしい最高のマニュアルを期待している**
- **人脈づくりにも取り組んでほしい（できれば10人程度の新規人脈）**
- **チーム貢献の喜びを感じて、今後の成長につなげてほしい**
- **業務完遂後、この業務を通して何を感じたか、学んだかを聞かせてほしい**

## ⑬ 備考

この欄には、面談の最後をどんな言葉で締めくくりたいかを**メモ程度**に記載しておきましょう。

実際にはここで準備したコメントではなく、評価面談の流れで自然に出てきたコメントを言うほうが多くなりますので、空欄のままでも構いません。

記載例

**この業務は会社やチームにとっても重要な資料だが、それ以上に、営業スキルの高い八代さんがどんなマニュアルを完成させるのかが、個人的に非常に楽しみです。**

---

以上、ご紹介した13項目は「戦略的業務指示」のために必要な項目です。このように丁寧に指示をすることで、「仕事で部下を育成する準備」がようやく整います。

**さて、今あなたはどんな気持ちですか？**

今あなたが……、

**「確かにこのような丁寧な指示をすれば理想的だけど、これを準備する時間を取られるくらいなら、いよいよ自分でやったほうが早い」**

……と考えているとしたら、元も子もありません。

筆者はあなたに、なんとしても「戦略的業務指示」を実践してほしいと考えています。
それが、**あなたの仕事を軽減しながら、同時に部下の育成を狙う最善の方法**だからです。

ただし右のような思いもあるでしょうから、まずは**比較的大規模な業務指示に限定して実施**する、という考えでも構いません。

あるいは、任せる部下の状況や、任せる業務の種類によって**伝達する項目を絞る**という方法でも構いません。

ぜひ、なんらかの形で、あなたの業務指示に「戦略的業務指示」を取り入れてみてください。

このあとご紹介する「『戦略的業務指示』の運用方法」は、「戦略的業務指示」の**フルバージョン**です。

それを100として、皆さんの現状に合わせて取捨選択をしてカスタマイズしてみてください。
では、「フルバージョン」の運営方法を見ていきましょう。

# 「戦略的業務指示」の運用方法

## 業務指示テンプレートを活用して準備する

ご紹介した業務指示書のテンプレートに、必要事項を記入してください。

テンプレートは巻末にダウンロード用URL、QRコードを準備しましたので活用ください。

業務指示書への記入内容については、ケーススタディーの例のようにしっかりした文章ではなく、キーワード的な表現でも構いません。

## 業務指示には「一対一の面談の場」を設定

ご紹介した通り、「戦略的な業務指示」はその部下個人の育成を目的として、「部下に任せる理由」や「期待」など、個別のメッセージを発することになります。

そのようなメッセージは一対一の面談形式で伝えるべきなので、できれば個室、少なくともほかの社員から離れた場所での面談としてください。

任せる仕事の内容にもよりますが、ご紹介したケースでいえば最低30分間は必要です。

戦略的業務指示は、単なる業務指示ではありません。部下育成そのものです。30分~1時間が長すぎるはずがありません。

## 業務指示は「依頼」ではない

上司の業務指示は「指示・命令」です。

それにもかかわらず、「お伺《うかが》いを立てているような業務指示」が散見されます。

- **これ、やってくれるかな?**
- **できればお願いしたいのですが……。**
- **お任せしても大丈夫でしょうか?**

これらはすべてNGです。なぜならば、これらはすべて「指示・命令」ではなく、「依頼」だからです。

「依頼」は対等の立場にある者同士の間でも行なわれ、**依頼された側に実行の選択権**があります。

あなたは以前、業務指示をした際に「ちょっと今は忙しいので、ほかの人に頼んでくれませんか」と、まるで町内会の役員になるのを断るかのように拒否されたことがあるかもしれません。だとすれば、それはあなたが業務遂行を「依頼」していたからです。選択権を部下に与えてしまったのです。

「戦略的業務指示」は、明確な「業務命令」です。正当な理由がない限り、部下に「拒否権」はありません。毅然と「指示・命令」すべきです。**トップダウン**でいいのです。トップダウンで業務指示をしてよいといっても、「これやっておけよ」というような「横柄な業務指示」を推奨しているわけではありません。トップダウンとは「上意下達」のことであり、「横柄」のイメージとは本来無縁のものです。

しかし、ハラスメント防止が重要視される社会情勢の中、**トップダウンは「ハラスメント上司の得意技」**のように、大きく勘違いされている傾向があるようです。トップダウンは正当な業務指示スタイルです。

## 業務指示に対する心構えを整える（マインドセット）

業務指示は「決定事項」であり、毅然と指示すべきものです。

「この仕事を引き受けてくれるかな〜」「嫌がらないかな〜」などという逡巡は無用です。

そもそも、あなたがそのような気持ちを持っているならば、その仕事は部下のためではなく、「**自己都合で任せている**」可能性があります。なぜその仕事をその部下に任せるのか、その意義をよく確認して、業務指示に対する心構えを整えてください。


心を整えるための**魔法の言葉**をご紹介します。

業務指示をする直前に、心の中で感情を込めて唱えてください。

なお、「彼（彼女）」の部分は、当該部下の名前に置き換えてください。

**魔法の言葉**

この仕事は、彼（彼女）を成長させるために最適な仕事だ。

遂行にはいくつかの障害があるかもしれないが、彼（彼女）ならやりきるだろう。

仮に失敗してもそこから多くを学び、成長するはずだ。

やるべきことを毅然と伝えて、彼（彼女）の成長の第一歩となる面談にしよう。

きっと数年後、『あのときのあの仕事で自分は成長した』と思い返してくれることだろう。

ああ、今日はなんという素晴らしい日なのか！


この言葉は、想像以上の効果があります。

これを唱えることで「部下を成長させたい」という気持ちが、あなたの顔や声、しぐさに出るのです。ぜひ試してください。

## 業務指示面談の冒頭は雑談から始めて緊張を解く（アイスブレイク）

業務指示の面談に限らず「一対一の面談」においては、部下側に一定の緊張感があるのが普通です。

その緊張感をなくしておかないと、話す内容をしっかりと理解させることはできません。そのためには、雑談で緊張を解いておく必要があります。このような雑談は、緊張で氷のようにコチコチになっている心をほぐすという意味で「アイスブレイク」と呼ばれています。

アイスブレイクにはさまざまな手法がありますが、ここでは2つのポイントをご案内します。

### アイスブレイクのポイント①質問で切りだす

効果的なアイスブレイクを実施するには、**部下にたくさん話してもらうことが重要**です。なぜならば、人はたくさん話せば話すほど「リラックス」できるばかりでなく、「聞く姿勢」が整うからです。業務指示に入ったら、部下はほぼ「聞き役」になります。その際に、心の中に「話したいこと」「上司に聞いてほしいこと」があると、上司の話に集中できません。

例えばその面談前に、その部下がとてもいい仕事をしていたとしたら、部下としては**褒めてほしい**ですよね。それなのに、あなたがそれをせずに「本題」に入ったら、「褒めてほしかったのになあ」

という気持ちを引きずったまま、話を聞くことになります。「聞く姿勢」が整っていないということです。

話を聞いてほしいなら、**先に相手に話させる**ことが重要です。

だから、質問で切りだすことが重要なのです。

アイスブレイク上手は、「質問上手」です。話し上手ではありません。

ただし、質問ならなんでもいいというわけでもありません。それが、次のポイント②です。

### アイスブレイクのポイント②部下に関連した質問をする

戦略的業務指示の面談のアイスブレイクは、営業員が商談のアイスブレイクで選ぶような「天候や時事ネタ」ではなく、**部下に関連した話題**を選びましょう。

- **この前はすごく頑張ったね。どんな苦労があった？**
- **先週のお子さんの運動会どうだった？**
- **今月もスタートから頑張っているね。手応えはどう？**
- **風邪が流行っているけど、体調は大丈夫？**
- **先月は私の仕事をサポートしてくれてありがとう。大変だったろう？**

などのように、部下を気遣ったり感謝したりするような話題にすることで、**「あ、この上司は私**

**のことをちゃんと気にしてくれているな」「私がこの前言ったことを覚えてくれているな」**と感じてくれるかもしれません。

そうなれば、上司に対する信頼感や好感度が増し、その後の業務指示に対する受け入れの気持ちを強めることができます。

このように、アイスブレイクには重要な狙いがあるのです。単に緊張をやわらげるための時間ではありません。

私の場合、30分以上の面談のアイスブレイクには**最低でも5分**は使っています。そのうちの4分は相手が話す時間です。5分間のアイスブレイクで、相手の顔に穏やかさや笑みを感じたら本題を切りだすタイミングです。

## 業務指示はブロックごとにプレゼンテーションする

アイスブレイクが終わったら、いよいよあなたが「業務指示」をする番です。

和《なご》やかな笑顔モードのアイスブレイクとは異なり、業務指示パートは毅然としたビジネスモードで伝えるべきです。準備した「業務指示書」を部下に渡して、順番に業務指示をしていきましょう。

「業務指示書」は、以下の「3つのブロック」で構成されています（162ページ）。
第1ブロック：①〜⑦……仕事そのものに対する情報
第2ブロック：⑧〜⑪……仕事開始後に関する情報
第3ブロック：⑫〜⑬……マネジャーとしての激励
このときのポイントは、**ブロックごとにプレゼンテーション**するということです。
ブロックの**途中で質問を受けつけてはいけません**。

途中で質問を受けつけてしまうと、話が横道にそれてしまい、業務指示が滞る可能性があります。業務指示はブロックごとにプレゼンテーションし、伝えるべきことをテンポよく伝えきるようにしましょう。

部下には「質問は⑦、⑪のパート終了時に受けるので、質問したい部分にメモやチェックを入れながら聞いてください」と伝えておきましょう。そうすれば、安心して「聞き役」に徹してくれるはずです。

そして、第1ブロックの「⑦使えるリソース」まで話したところで、「ここまでで、何か質問はありますか？」と聞き、質問に対応しましょう。

さらに、第2ブロックの「⑪成果の判断」まで話したところで、「以上です。総合的な質問はありますか?」と聞き、質問に対応しましょう。

ただし、業務指示をしながら部下が**理解しているかどうか**を常に確認してください。メモをしているか、うなずいているか、不安な顔をしていないかなどを観察しながら進めるべきです。

そのとき、部下があまりにも不安そうな顔、不服そうな顔などをしていた場合は、ブロックの途中でも「何か不安な点がありますか?」などのように質問をしましょう。

疑問点がクリアになったら、第3ブロック「マネジャーとしての激励」に入ります。

## 業務遂行を励ます

第3ブロック「マネジャーとしての激励」の部分です。準備した「業務遂行を通して期待すること」や「備考」欄の送り出しのメッセージを伝えて、気持ちよく仕事に送り出してあげましょう。

ここは**「業務指示者、評価者としてではなく、親のような存在、人生の先輩、仲間としての期待や思いを伝える」**パートでした。

したがってビジネスモードではなく、再び和やかな笑顔モードで伝えてください。

部下に配布した「業務指示書」には内容が記載されていないはずですので、部下の心に染み入るようにゆっくりと話してあげるとよいと思います。

## 部下に仕事を任せる際に伝える項目

| 項目 | ブロック |
|---|---|
| ①仕事内容 | 仕事そのものに対する情報 |
| ②仕事の意義・重要性 | |
| ③あなたに任せる理由 | |
| ④あなたにとっての意義 | |
| ⑤実施（完成）期限 | |
| ⑥報告方法 | |
| ⑦使えるリソース | |
| ⑧中間報告 | 仕事開始後に関する情報 |
| ⑨上司の関わり方 | |
| ⑩禁止事項 | |
| ⑪成果の判断 | |
| ⑫業務遂行を通して期待すること | マネジャーとしての激励 |
| ⑬備考 | |

ブロックごとにひと息に伝えるとよい。またグレーの4項目は、業務によっては必ずしも伝える必要はない。

「終末効果」という心理バイアスがあります。**人は、他者と別れたときの最後の印象を次の面談まで持ち続ける**というものです。

この人間心理に従えば、**面談時の最後の印象がその面談の全体の印象に影響**を及ぼします。

そして、そのとき一番印象に残りやすいのが**表情**です。だからこそ、最後の表情は「笑顔」の出番です。ぜひ練習してください（笑顔を練習するのです。←本気で言っています）。

以上が、フルバージョンでの「戦略的業務指示」の運用方法です。

# 第5章

# 業務遂行状況を把握する

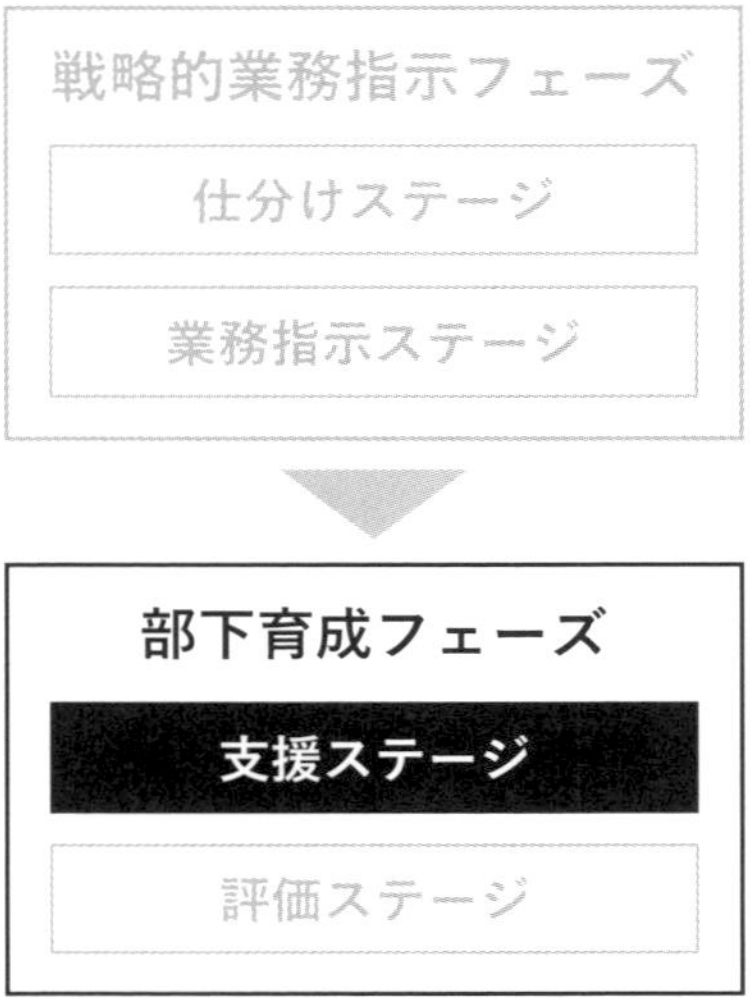

任せた仕事の進捗確認からサポートの流れ

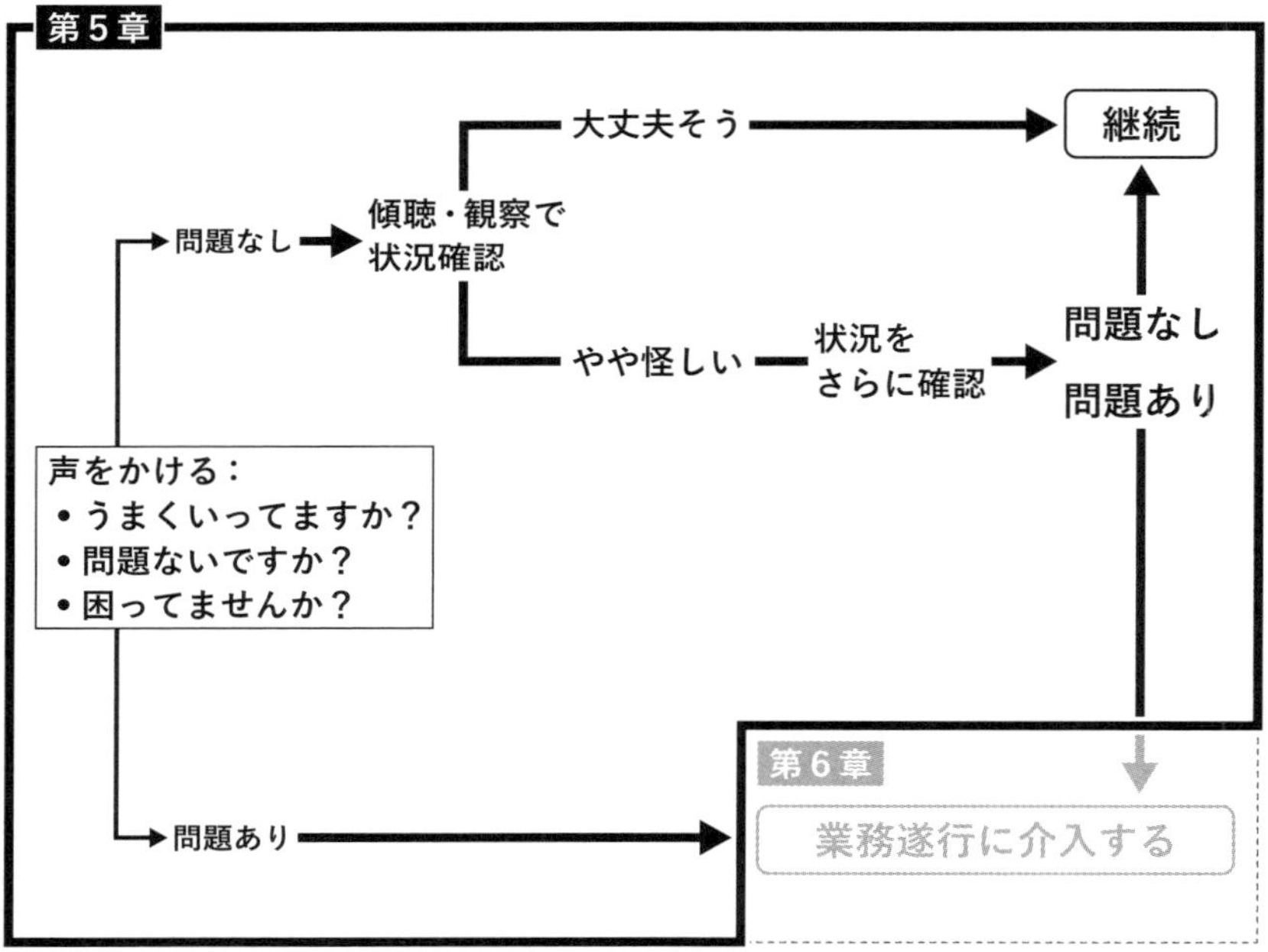

# 業務指示後の声かけから始める

ここからは本書の後半にあたる、「部下育成フェーズ」に入ります。

本章では業務指示をしたあとの「業務遂行状況」の把握方法を詳細にご案内します。

仕事のスタートの遅い部下がいます。締め切りが1か月後であるにもかかわらず、業務指示後、1週間経っても何も手をつけていないことに気づいて愕然とした、という経験はないでしょうか？（筆者にはあります……）

このような状況を防ぐためには、早期の始動確認が大切です。**「先日お願いした仕事は順調に進んでいますか？」**のように、**声かけ**をしておきましょう。

その際、必ず笑顔で声かけしてください。厳しい顔つきだと、部下が萎縮してしまう可能性があります。

声をかけるタイミングは、任せた仕事の規模にもよりますが、完成までに3週間程度（実質15日間）かかる仕事であれば、「3日目」くらいが適切です。

翌日や2日目だと**急《せ》かされている印象**を与えかねませんし、5日目だとすでに3分の1が経過しているので遅すぎます。

ちなみに、スタートの遅い部下にはいくつかのパターンがあります。

- **業務指示の内容を実は理解できていない**
- **ほかの仕事に追われており、手がつけられない**
- **どこから手をつけてよいかわからず、途方に暮れている**
- **締め切りまでの業務完了に自信を持っているので、まだ始めていない**
- **始めてみたが、いきなり障害に出くわしている**

いずれの場合も、上司としては「どういうこと？」といら立ちを覚えるかもしれません。

しかし、ここは一度気持ちを落ち着け、温かいコーヒーでも飲みながら、むしろ**早期に問題を発見できた**ことを喜びましょう。**「今気づいてよかった〜。セーフ！」**という気持ちで業務スタートを指示しましょう。

## 部下の「順調です」を鵜呑みにしない！

**「仕事は順調に進んでいますか？」**と聞いた際、部下は「順調です」「大丈夫です」などと答えるかもしれませんが、これらを鵜呑《うの》みにするのは危険です。なぜなら、部下は「不都合な真実」を上司に隠したがるものだからです。

仕事の進捗状況を冷静に判断するためには、「傾聴と観察」が必要です。

部下が「順調です」と言ったときの表情や声から「これは確かに大丈夫そうだな」と思えれば、**「いいね、頑張って。何かあれば声をかけてね」**などと笑顔で伝え、業務遂行を継続させましょう。

しかし、口では「大丈夫です」と言っていても、その**表情が暗い、目を合わせない、声が小さい、いつもよりも早口**なことに気づくことがあります。これらは**「不都合な真実」**を隠している兆候かもしれません。そのような兆候が見られたら、本当に大丈夫かどうかを確認する必要があります。

そのためには、**「そうか、大丈夫なんだね。よかった。今ちょうど時間があるから、現状を聞かせてもらえる?」**などと切りだしてみましょう。この間も笑顔を維持してください。「何かを隠しているのではないか?」という気持ちを表情に出してはいけません。

この段階では立ち話でも構いませんので「現状」を確認してください。その結果、特に問題がなければ業務の継続遂行を励ましてください。

**「いい感じだね、引き続き頑張って!」**などと言えばいいでしょう。

一方、不安が的中して部下が仕事を始めていない、または何か問題を抱えていた場合は、**「そうか、困っていたんだね。一緒に考えよう」**などと言って、次節でご紹介する「問題解決支援コーチング」に進みましょう。

また、最初の声かけの段階で、「実は問題があって困っています」のような回答が部下から提示されるかもしれません。

この場合は、すぐにその状況確認が必要です。

**「そうか、問題があるんだね。じゃあ一緒に考えたいので状況を教えてくれる?」**と言いながら「問題解決支援コーチング」に進みましょう。

# 問題解決支援コーチング

業務指示後の声かけによって、部下がなんらかの問題を抱えていることがわかった場合、その解決を支援する必要があります。それを効果的に実践する**「問題解決支援コーチング」**をご紹介します。

部下の正直な意見を聞く必要がありますので、業務指示をしたときと同様、ほかの社員とは隔離された場所で実施するようにしましょう。

ここで少し寄り道をして、「コーチング」について簡単に解説しておきます。

## コーチングとは

コーチとは元来「馬車」を意味します。つまりコーチングとは、**「相手を馬車に乗せて目的地に連れてゆく」**ことです。「目的地」は、**相手の行きたい場所**であり、**コーチが連れていきたい場所**

| | ティーチング | コーチング |
|---|---|---|
| **前提** | 部下は答えを持っていない | 部下は答えを持っている（気づいていないだけだ） |
| **目的** | 答えを教える | 答えを引き出す |
| **上司の役割** | • 説明する・手本を見せる<br>• 質問に答える<br>• アドバイスする | • 質問する<br>• 傾聴する<br>• 承認する |

**ではありません**（これが重要です）。

行きたい場所も、そこに行く方法も「本当は相手は知っている。気づいていないだけだ」と、コーチ側が信じて相手に関わるのがコーチングです。その意味において、「相手の知らないことを教えるティーチング」とは対照的な手法です。

コーチは「相手は持っているが気がついていない答え」を**引き出す**ために効果的に質問を投げかけてコーチングを進めます。したがって、**コーチの主要な武器は「質問」**です。

また、コーチングでは相手の主体性を重視するため、コーチは**アドバイスしません**。特に、上司と部下間で展開されるコーチングにおいては、「上司のアドバイス」に対して部下は「一定の強制力」を感じてしまうものです。これでは、部下の主体性を尊重できなくなります。

アドバイスはティーチングの手法であり、コーチングでは原則として用いられません。

170ページのティーチングとコーチングの違いの表を参考にして、「問題解決支援コーチング」の理解を深めてください。

問題解決支援コーチングは、次の手順で行ないます。

**①話しやすい場づくり**

**②部下が直面している問題のヒアリング**

**③問題点の特定**

**④部下の「ネクストアクション」の決定**

これらを順番にご案内します。

## 問題解決支援コーチング①

# 話しやすい場づくり

初めに理解しておくべきことは、どのような面談でも、**部下は上司を前にして完全に率直にはなりにくい**ということです。あなたがどんなに「開いた心」を持っていたとしても、部下の感情のデフォルト（初期設定）は自己防衛モードであり、「上司を怒らせてしまうのではないか」という不安を、多かれ少なかれ、常に感じているのです。なぜなら、あなたには**「組織における地位・肩書による力＝権力」**、いわゆる**ポジションパワー**が備わっているからです。

ポジションパワーには、次の3つがあります。

- **強制力……叱咤、減給、降格など懲罰を与える力**
- **報酬力……昇給、昇進など褒美を与える力**
- **正当権力……仕事の割り振りや人事権など公式に与えられた権限**

このうち、特に人事権は、部下にとって非常に大きな権力です。

部下があなたに完全に心を開かないのは、あなたの責任ばかりではなく、そもそも備わっている「ポジションパワー」が原因だと考えることもできるのです。

したがって、上司と部下の面談においては以上のことを念頭に置いて、**話しやすい場を積極的につくる**必要があります。

「話しやすい場づくり」について、**セッティング**と**印象マネジメント**の観点でご案内します。

## セッティング

### 個室を準備

コーチングでは率直な意見を引き出したいので、他者に聞かれる心配のない個室を確保する必要があります。個室が確保できない場合は、他者に対話が聞こえない場所で実施してください。

ただし、相手の性格によっては、個室だとかえって緊張してしまい、話ができなくなってしまうこともあります。そんなときは、パーティションで仕切られた場所や、社内関係者がいない「オープンスペース」（カフェ、レストランなど）で実施するなど、工夫をしてください。

### 座り方は90度

真正面での正対は「敵対関係」をつくりやすいので、少しずらして座るか、90度の位置になるように座りましょう。特に90度の座り方は「ともに同じ課題を解決するパートナー」の座り方になるので、おすすめします（１７４ページ）。

## 部下が話しやすい場所づくりを

### 敵対関係

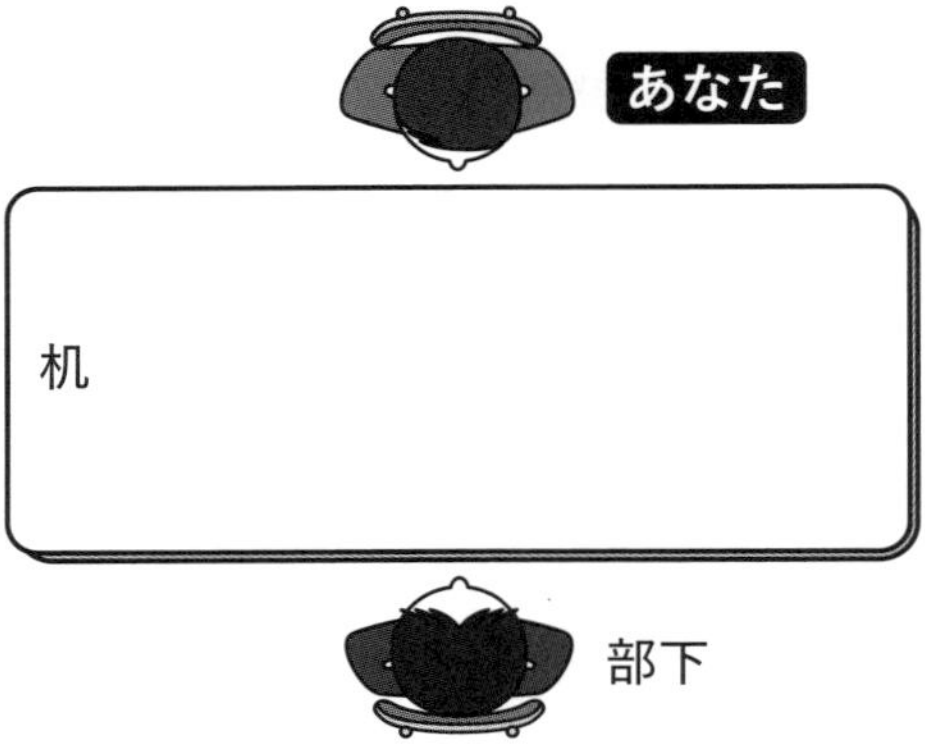


### 敵対回避関係

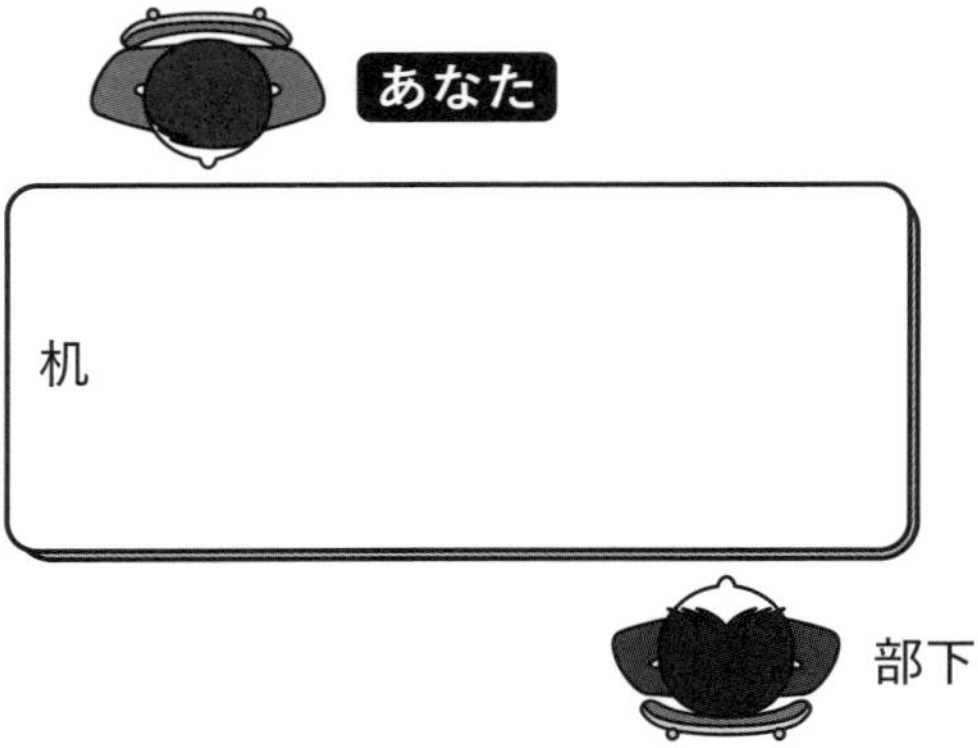


### 協働関係

### コーヒーやお茶などをふるまう

相手をリラックスさせるにはドリンクは不可欠。「ブラックでよかったよね～」などと言いながらコーヒーを出せたら、部下のことをよく知っている上司らしくて魅力的です。

### 自分の携帯電話はマナーモード

携帯をマナーモードにしてコーチングに集中します。社内にかかってきた電話も、コーチング中は取り次がないよう、ほかの社員に伝えておきましょう。

なお、部下の携帯電話をマナーモードに変更させる必要はありません。

### コーチングの最初は「メモ」を取らない

メモを取る姿勢は「話を聞いているよ」という姿勢ですが、相手を警戒させるリスクもあります。そうなると無難な意見しか引き出せなくなることもあります。最初のうちは相手とアイコンタクトをとりながら親身に「聞く」ことに集中し、話が佳境に入ってきた段階で、必要があればメモを取り始めるようにしましょう。

## 印象マネジメント

第一印象、好印象、印象操作……「印象」という言葉の付く表現はたくさんあります。

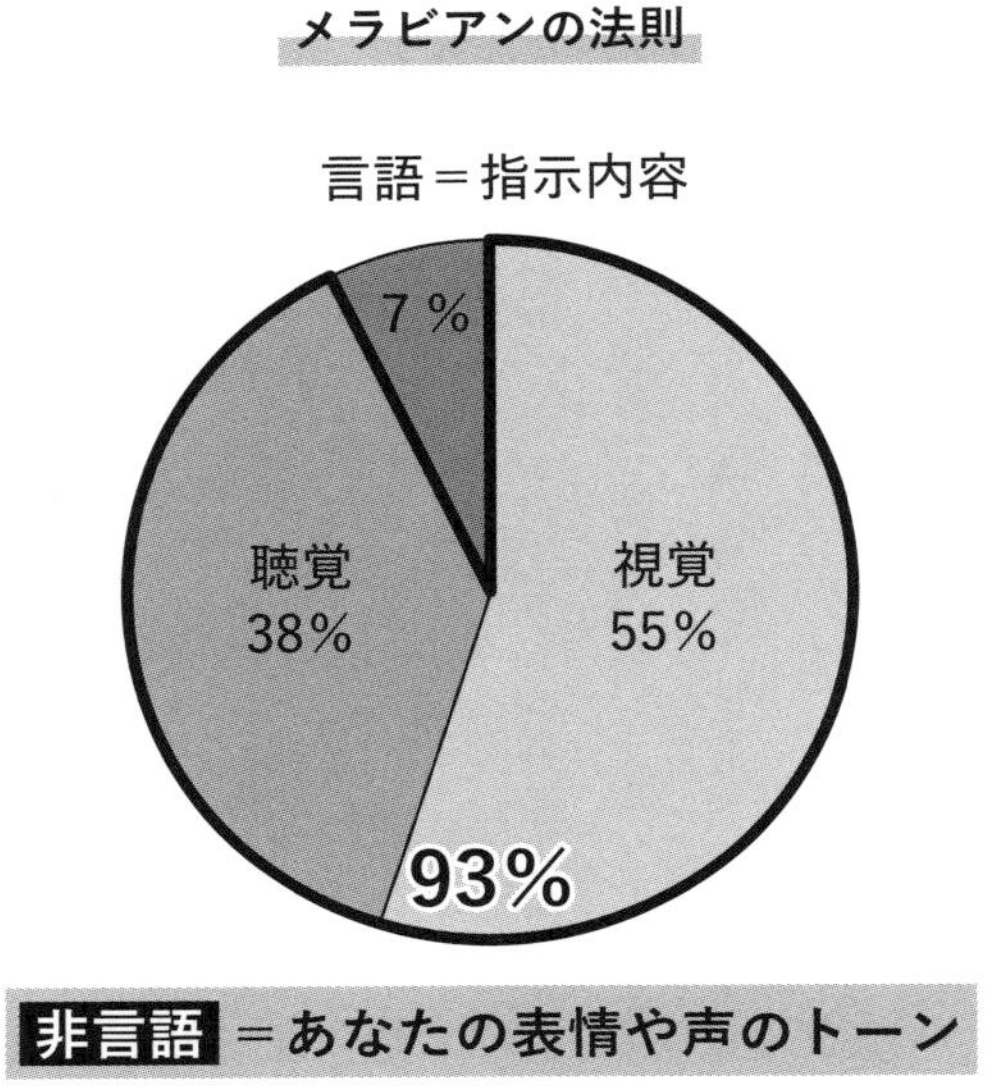


われわれ人間は、社会性を持つ存在として、その実態と同様に（あるいは実態以上に）、印象によって他者から判断されています。

しかしながら私たちは、その自分の印象に対して十分な配慮をしているとはいえないようです。これでは、豊かなコミュニケーションは実現しそうもありません。

印象マネジメントとは、そのような「自分の印象」について意識的になり、それを自分の魅力に変えていこうとする考え方です。

コーチングのような一対一のコミュニケーションにおいては、「印象」の影響度がより強くなるので、特に留意する必要があります。

**「メラビアンの法則」**をご存じでしょうか？

１９７１年に、アルバート・メラビアンという心理学者が提唱した法則で、**人と人とのコミュニ**

**ケーションにおける影響の度合いは、言語情報が7％、聴覚情報が38％、視覚情報が55％**だと唱えるものです。

つまり、あなたが「なんでも率直に話してください」と口で言ったとしても、その表情が暗く冷たかったとしたら、その視覚情報が優先され、「率直に話すのはやめよう」と部下に決意させてしまうのです。

ですから、あなたにとって重要なことは、**話している言葉（言語情報）と「声（聴覚情報）、表情（視覚情報）」を一致させる**ということです。印象マネジメント的に言うならば、**「話している言葉に見合うように、声や表情の印象を整える」**ということになります。

これは、実は簡単なことではありません。なぜならば、私たちは全員「コミュニケーションの癖」を持っていますが、多くの場合、それに気づいていないからです。気づいていないものを直すためには、まず「気づくこと」から始めなければなりません。

ためしに一度、部下と話をしている様子をスマホで録画してみてください。

ほとんどの方が「えっ？　私、こんな声だった？　なんか早口で、トーンも高いな……」と自分の声に対する大きな違和感に気づくはずです。

また、「もっと笑顔で話していると思ったけど、ところどころで怖い顔をしているな。というか、笑顔になっていないな……」と表情に対する違和感を覚える方も多いはずです。「これはいつもの私じゃないな……」と思い、もう一度録画しなおしても結果は同じです。

録画されたあなたこそが、「他者が認識している『あなた』そのもの」なのです。


あなたが思っている「あなた」は、他者には見えていません。

結果を受け入れて「コミュニケーションの癖」に気づくことが大切です。録画データを参考にしながら、自分にふさわしい「印象マネジメント」を実践してください。


一方、自分の声や表情を意識するあまり、なんとなくぎこちないコミュニケーションになってしまうこともあるかもしれません。私の実施する研修でも、「表情と声の管理」の演習でペアになってロールプレイをしてもらうことがありますが、多くの方が「表情の管理が気になって、相手の話が頭に入ってこなかった」という感想を述べられます。これは、「テクニック」で対処しようとしているからです。

そうではなく、「マインド」「心」を整えることが必要です。


「マインド」「心」を整えるために、私が常に実践している方法をご紹介します。

「問題解決支援コーチング」の**直前の15秒間**で、次のように心に念じるのです。

## 魔法の言葉

今、まさにこの部下は障害にぶつかり、「成長」しようとしている。
なんと素晴らしい瞬間なのだろう。これは喜ばしいことだ。
目の前にいる部下は、私の業務指示を受けてくれた大切な仲間だ。

このように部下に対する親身な思いを心で念じれば、自然に言葉、声、表情が親身な上司モードとなります。

なぜなら「言葉、声、表情」は「心で思ったことを伝えるための手段」であり、言わば「心の僕《しもべ》」なのです。よって**主人である心**を整えれば、それに見合った「言葉、声、表情」で相手に関わることができます。

心の中で「この程度で業務が停滞するなんて、なんというダメな部下なんだ……」などと思ったままでは、言葉（小手先のテクニック）でどう繕《つくろ》っても、言葉以上に相手に影響を及ぼす「声や表情」に気持ちが表われてしまうのです。

そもそもあなたはこの業務指示にあたり、１５６ページの魔法の言葉で心を整えていたはずです。その心に再びチューニングすればいいのです。

コラム

# 自分の印象を誤解されないために

本コラムの「印象マネジメント」という言葉を私に初めて教えてくれたのは、リリア株式会社、代表取締役の吉武利恵さんです。同社のホームページでは「印象マネジメント」の定義を次のように表現しています。

対人コミュニケーションで「人の印象」は欠かすことができない要素です。

印象の大前提は、「自分の印象の答えは、常に相手が持っている」ということ。

理想の印象を作るだけでなく、
相手に間違って自分の印象を解読されないように、
印象が発するメッセージを最適化することが「印象マネジメント」です。

印象マネジメントは、印象で損をしないために、自分のポテンシャルの最大まで、プレゼンス（存在感）を強化する自己管理術です！

ここから読み取れる、**「私たちにとって重要なのは、理想の印象を作ることではなく、ありのままの自分を誤解されないようにすることだ」**という視点にとても感銘を受けました。

この考えに触れたとき、「背伸びする必要はない。自然体で素直な気持ちでいることが大切なのだ」と感じ、少し気持ちがラクになったことを覚えています。一方で、「これまでいかに印象に無頓着で損をしてきたのか」とも感じ、ぞっとしたことも思い出されます。

その意味で、私には、印象マネジメントは「リスクマネジメントの一つ」だと思えました。

印象マネジメントは、コミュニケーションの重要な要素として、あらゆる場面で有効だと思います。

興味を持たれた方は、ぜひリリア株式会社のホームページをご覧になってみてください。

問題解決支援コーチング②

# 部下が直面している問題のヒアリング

部下の問題を把握するために、あなたは次のように質問するでしょう。

**「問題があるようだけど、詳しく教えてくれますか?」**

これに対して部下は次のように答えるでしょう。

**知らないことが多すぎて、やっぱり私にはできません。経験がないので、やっぱりできません。**

……のように、**知識や経験不足**を言ってくるかもしれません。

**失敗しそうで、怖くて行動できません。できる気がしません。**

……のように、**気力や自信を喪失**していることもあるでしょう。

**誰も協力してくれません。十分な時間がありません。**

……のように、**協力者や時間不足**を訴えることもありがちです。

さて、あなたはどうしますか？

**だったらこうやればいいよ**、と、知識不足の部下にアドバイスしますか？

**大丈夫。君ならできるよ**、と、気力喪失の部下を励ましますか？

**じゃあ、協力するように私から言っておくよ**、と、協力者を手配しますか？

じつは、これらは最もよくない方法です。

なぜならば、あなたの問いに対する部下の答えは、真の問題ではなくその部下の自己防衛心、他責思考、被害妄想、他力本願などの「幼児性」に端を発した「言い訳」であることが少なくないからです。

したがって、このような言い訳に対してコーチングを進めることは、的外れで意味がありません。

では、どうすればよいか？

部下の答えにはこう投げかけましょう。

**「そうなんだね、もっと詳しく聞かせてくれる？」**

さあ、ここからが、本格的なコーチングになります。

コーチングを効果的に進めるための必須スキルが二つあります。

**傾聴と質問**です。

具体的なコーチング手順をお話しする前に、これらのスキルについて理解を深めてください。

# コーチング実践スキル「傾聴」

## 全身が耳！　最高の傾聴マインドとは

傾聴とは、対話において、**相手を理解するために、耳、目、心、すべてを使って丁寧に話を聞くこと**です。目的は相手を理解することなので、相手の考え、感情などの情報を適切に集めることが必要です。

つまり、相手にいかに気持ちよく話してもらうかが重要なポイントとなります。

それを実現するためのマインドを、ご案内します。

**傾聴マインド①「聞き役に徹する」**

部下が話している最中に、「それは違うよ」とか、「わかった、つまり君が言いたいことは……」のように、部下の話を最後まで聞かずに話を遮《さえぎ》ってしまうマネジャーを頻繁に見かけます。これでは、部下は**自分のペース**で話せません。

部下が話しているときは「部下の順番」です。その間は的確な相槌を打ちながら、**聞き役**に徹するべきです。

多くのマネジャーは部下の話を**聞こうとして**聞いていません。**話そうとして**（話したそうな顔をして）聞いています。

## 傾聴マインド②「絶え間なく相槌を打つ」

部下の話を聞きながら「聞いているよ」ということを全身で伝え続けるのが傾聴ですから、絶え間ない相槌は不可欠な行動です。部下の目を見ながらうなずいたり、「へえー」「すごい」「嘘！」「なるほど」などの声をかけたり、適切なリアクションをとりましょう。

「おすし」というテクニックをご紹介します。

**お：おー！**

**す：すごいですね！**

**し：知らなかった！**

覚えやすくて便利なので、使ってください。

まさに今です！

「おすしテクニック……**お**ー！　**す**ごいですね！　**し**らなかった！　使ってみます！」

## 傾聴マインド③「受け入れ、共感する」

部下が話している間、相槌を打ちながら、さらに付け加えるべきアクションが「受容と共感」です。

### 受容とは

「うんうん」「なるほど」のような相槌も、相手の話を受け入れている時点で一種の「受容」です。

しかし、それをもっと明確に相手に伝えることができたら、もっとたくさん、気分よく話してくれるはずです。そのためには、受容の気持ちを言語化してあげることです。

「うんうん」だけではなく、**「そう思うのですね」**を付け加えましょう。

「なるほど」だけではなく、**「そういうことだったんだね」**を付け加えましょう。

**あなたの考えを聞いたよ、あなたの感じたことを受け止めたよ、**という「受容」は、対話の潤滑油のようなものです。積極的に言葉で伝えましょう。

### 共感とは

そして、その潤滑油の滑りをもっとよくするものが「共感」です。共感はさらに簡単です。「わかるよ」と言えばいいのです。しかし、あなたは次のように疑問に思うかもしれません。

**いやいや、相手の言うことすべてに共感はできませんよ……。**

これは「共感」と「同感」を混同しています。

共感というのは「相手の考えの受け入れ」です。自分の考えと同じかどうかではなく、「あなたがそう考えていることを理解しました」ということです。

したがって、共感は100%可能です。必ず共感しましょう。

受容のあとに共感の言葉を加えることで、相手は**「この人は自分の考えを否定せず受け止め、私のことを理解してくれている。私の仲間だ」**という気持ちになり、率直な気持ちを伝えやすくなるはずです。

# コーチング実践スキル「質問」

部下が抱える課題に対して、ただ話を聞くだけでは、本質的な問題に到達するのは困難です。そこで、効果的な「質問」を使い、部下の思考を促し、真の問題を浮き彫りにする必要があります。このセクションでは、そのために有効な**3つの質問**をご紹介します。

## ①塊を崩すチャンクダウンの質問（具体化、細分化）

チャンクとは「大きな塊《かたまり》」のことです。つまりチャンクダウンの質問とは、大きなテーマや漠然としたアイディアを、**具体的で細分化された要素に分解する質問**のことです。

これは「掘り下げる質問」として、問題の詳細を明らかにするために非常に効果的です。

掘り下げるためには、「5W2H」フレームワークを活用します。

- **What（何）**：「何が一番の問題ですか?」「何をすべきだと感じていますか?」
- **Why（なぜ）**：「なぜ、そう思ったのですか?」「なぜ、それが必要なのですか?」

- **Who（誰）**：「誰が関係していますか？」「誰に相談すべきだと思いますか？」
- **Where（どこ）**：「どこでその問題が発生しましたか？」「どの場所に影響がありますか？」
- **When（いつ）**：「いつ、その問題に気づきましたか？」「いつまでに解決したいですか？」
- **How（どうやって）**：「どのように解決策を考えていますか？」「どうやれば進められそうですか？」
- **How much（どれくらい）**：「どの程度のリソースが必要ですか？」「いくら予算が必要ですか？」

「５Ｗ２Ｈ」を使ったチャンクダウンの質問は、「部下の考えを掘り下げ、具体的な解決策へと導く」ための強力なツールです。適切に使いこなすことで、部下との対話をより深く充実させることができます。

次の例を参考にして、理解を深めてください。

担当プロジェクトで、問題を抱えている部下、岡田さんへのコーチングです。

**マネジャー**：岡田さん、お疲れさまです。最近のプロジェクトの進捗について少しお話ししましょうか。

**岡田さん**：お疲れさまです。実は、なかなかうまく進められておらず、少し困っています。

**マネジャー**：そうでしたか。まずは問題を整理していきましょう。まず、具体的に何が問題になっていますか？　※**What（何が問題か）**

**岡田さん**：納期までに必要なデータが揃っていないことです。特に、クライアントからの確認待ちが長引いています。

**マネジャー**：なるほど。そのデータが揃わないと次の作業が進められない状況なのですね。なぜ、そのデータが揃わないのでしょう？　※**Why（なぜ問題が発生しているのか）**

**岡田さん**：クライアント側での確認プロセスが複雑で、担当者が多いからだと思います。

**マネジャー**：なるほど、内部の確認プロセスが原因なんですね。プロセスに関与している人は誰ですか？　※**Who（誰が関与しているか）**

**岡田さん**：クライアント側では、営業担当の方と技術担当の方ですね。社内では、私とサポートチームです。

**マネジャー**：その方々の中で、特に重要な役割を持っているのはどなたですか？　※**Who（誰か）**

**岡田さん**：営業担当の方が一番カギを握っていると思います。

**マネジャー**：この問題が発生したのはいつ頃ですか？　※**When（いつ問題が発生したのか）**

**岡田さん**：2週間前に、初回の確認依頼を送ったときからです。

**マネジャー**：2週間経っているということですね。それは少し長いですね。具体的に、問題がどこで発生しているかわかりますか？　※**Where（どこで問題が起きているのか）**

**岡田さん**：クライアント側の承認プロセスの中だと思います。

**マネジャー**：承認プロセスのどの段階か、詳しくわかりますか？　※**Where（どの段階か）**

**岡田さん**：技術担当者から営業担当者への確認の部分です。

**マネジャー**：これまでに、どのような対処を試みましたか？　**※How（どうやって対処しているのか）**

**岡田さん**：クライアントにメールでリマインドを送ることと、社内で代替案を検討しましたが、特に進展はありませんでした。

**マネジャー**：なるほど、それらの対処をしたけれど、まだ状況は変わっていないんですね。この問題はプロジェクトにどのくらい影響しますか？　**※How much（どれくらいか）**

**岡田さん**：今のままだと、納期が1週間程度遅れそうです。ほかのタスクにも影響が出ています。

**マネジャー**：それは大きな影響ですね。早急に対応が必要ですね。これで問題の概要が見えてきました。次は、具体的な解決策を考えましょう。

**岡田さん**：よろしくお願いします。

このように「5W2H」の質問を活用して深掘りすれば、状況を幅広く把握することができます。

一方、なぜ（Why）の質問には注意が必要です。次項で、そのリスクと解決策についてご紹介します。

## 「なぜ（Why）」という質問の特徴と留意点

### 沈黙を生みやすい

ほかの6つの質問（4W2H）は、主に「事実確認」をする質問ですが、「なぜ（Why）」は、**「相手の意図・考え・心情」**を問う質問です。

そのため、回答には時間がかかることが少なくありません。心情や理由を言語化するのは簡単ではなく、「この答えで非難されないか」「無能だと思われないか」といった不安から、回答をためらうことも多いからです。

したがって、「なぜ（Why）」の質問をしたときは、回答をゆっくり待つ余裕を持ってください。部下が考えている間の沈黙に耐えきれず、「答えに困っている？」「わからない？」などと口を挟んではいけません。部下は思考を中断し、「適当な回答」でその場を切り抜けようとするでしょう。

答えをなかなか出せないということは、普段考えていないテーマについて、初めて向き合っている証拠です。部下はあなたの「なぜ」に対して、**「なぜ？　なぜだろう？　考えたことがなかった……。改めて理由を問われるとわからない。なぜなのだろう……」**と、頭の中で思考が**「フル回転」**しているのです。

コーチの質問の価値は、このような**「フル回転」**を起こさせることにあります。

一時的な沈黙を恐れず、むしろ沈黙を喜んで、部下の答えを根気強く待ってください。

## プレッシャーを与えやすい

前述の通り、「なぜ（Why）」は、相手の意図・考え・心情を直接問う質問です。したがって、相手に対してプレッシャーを与えやすい質問であることを理解しておきましょう。

余計なプレッシャーを感じさせないためには、次のような工夫が必要です。

- **「なぜ？」「なぜ？」とくり返し使わない**：尋問調になり、部下を追い詰めてしまいます。
- **「なんで」を使わない**：表現が稚拙で、ぞんざいな印象があります。
- **「どうして」を不用意に使わない**：「どうして」は感情的な言い方で、使い手の思いや心理が込められた言葉です。「当然こうなると思っていたのに、なぜそうならなかったの？」というように、「期待と異なった結果を責めている」印象を与えるため、注意が必要です。
- **「穏やかな表情」で聞く**：「ともに問題を考えたい」という思いが伝わり、安心感を与えます。
- **「何（What）」で理由を聞く**：例えば、「なぜ（Why）、あなたは確認しなかったのですか？」と聞くと、「私」を主語にして答えないといけないので「つい見逃してしまって」「ちょっと慌てていて」などと、主観的に回答することになります。場合によっては「自己防衛本能」が働いて、取り繕った理由や単なる言い訳を挙げるかもしれません。

しかし、「**何が**（**What**）あなたに確認漏れを起こさせたのでしょうか？」と聞けば、自分の行動を客観視することができ、「業務手順の不備」や「突発業務の発生」などの「**率直な答え**」を引き出す可能性が高まります。

以上のような工夫をすることで、「なぜ（Why）」の質問が持つリスクを軽減し、より建設的な対話を実現することができます。部下の成長を促すためにも、相手の心理的負担に配慮しつつ、適切な質問の仕方を心がけましょう。

## ②視野を広げるチャンクアップの質問（一般化、抽象化）

「チャンクアップ」とは、物事をより大きな単位にまとめて一般化・抽象化することです。つまり、**物事の背景、目的、意義などに目を向かせる質問**ということになります。

人は問題に差し掛かると「視野狭窄《きょうさく》」に陥りがちです。目の前の問題にとらわれてしまい、周りが見えなくなるのです。

特に大きな責任を持った仕事を遂行しているときは、「なんとしても自分で解決しなければ」という強い責任感が、皮肉にもさらに視野を狭めてしまいます。

チャンクアップの質問は、そのような人の視野を広げ、冷静で的確な判断を促すための質問です。

例えば、次のように使います。

- **「そもそも目的はなんでしたか？」（根本的な目的に立ち返らせる）**
- **「もともとは、どのように進める予定でしたか？」（当初の計画を思い出させる）**

- **「本当は何をしたかったのですか？」**（本人の本音や希望を引き出す）
- **「結局、どれが一番の問題ですか？」**（問題の優先順位を整理させる）

この**「そもそも」「もともと」「本当は」「結局」**の４つのフレーズを覚えておけば、効果的にチャンクアップの質問ができますので、ぜひ試してみてください。

## ③観点・論点を変えるスライドアウトの質問（横展開）

チャンクアップとチャンクダウンは「アップ＆ダウン」ですから、対話は**上下垂直方向**に展開されます。上に行くほど本質的な目的に近づき、下に行くほど具体的なアイディアに近づきます。

一方で、「スライドアウトの質問」は話題の幅を広げる、いわば横展開のアプローチです。この手法を活用することで、新たな視点や選択肢を引き出すことができます。

スライドアウトの質問例としては、次のようなものがあります。

- **「ほかには？」**
- **「ほかの人はどう考えていますか？」**
- **「ほかに考えるべき点はなんですか？」**

これらの質問は、対話の幅を広げ、別の可能性や観点を考えさせる効果があります。

注意すべき点は、相手に「話をはぐらかされた」と感じさせないことです。「自分の意見が軽視された」「価値がないと思われている」といった印象を与えると、相手のモチベーションが低下するリスクがあります。

このリスクを回避するには、187ページでご紹介した**傾聴マインド③「受け入れ、共感する」**を使います。スライドアウトの質問をする前に、相手の意見をしっかり受け入れ、共感するのです。

例えば、次のように言うとよいでしょう。

- **なるほど、そう感じたのですね。（受け入れ）**
- **それは非常に重要な視点だと思います。（共感）**
- **その上で、ほかにはどんな原因が考えられますか？（スライドアウト）**

こうすれば「はぐらかされた」と感じさせることなく、円滑に対話を進められるはずです。

以上、3種類の質問を駆使して傾聴を進めれば、部下の直面している問題を、より的確に発見できます。

業務指示ケーススタディーにおける、夏木マネジャーと八代さんのコーチング対話例は次のようになります。

## 業務指示ケーススタディーでの「問題解決支援コーチング」例

**夏木マネジャー**：八代さん、業務の進行で困っているとのことですが、詳しく教えてくれますか？

**八代さん**：はい。関係者の協力が得られなくて作業が滞っています。
（部下の最初の答えは真の問題でないことが多いので、ここに反応してはいけない）

**夏木マネジャー**：そうなのですね。では、一緒に考えましょう。詳しく状況を聞かせてくれますか？

**八代さん**：はい。マニュアルを作成するために、営業員数人に意見を聞こうと思って協力を依頼したのですが、『協力できない』と回答されてしまいました。

**夏木マネジャー**：なるほど。具体的には、どんな依頼をしたんですか？（What）

**八代さん**：「営業員用マニュアルを作成する予定なので、どんな要望があるかを聞かせてほしい」と依頼しました。

**夏木マネジャー**：それは誰に依頼しましたか？（Who）

**八代さん**：東京第２エリアの営業員３人と、埼玉エリアの営業員２人です。

**夏木マネジャー**：私たちのチーム以外の５人に依頼したのですね。なぜ、その５人を選んだのです

か？（Why）

**八代さん**：みんな経験豊富で、それぞれ独自のノウハウを持っているからです。

**夏木マネジャー**：独自のノウハウを持っているとは、興味深いですね。ちなみに、それはどこで知ったのですか？（Where）

**八代さん**：先月の中堅社員懇親会の場で、話をする機会があったので……。

**夏木マネジャー**：よい情報が手に入りましたね。彼らにはどのように依頼したのですか？（How）

**八代さん**：メールで依頼しました。

**夏木マネジャー**：いつメールしましたか？（When）

**八代さん**：3日前です。

**夏木マネジャー**：『協力できない』と回答されたと言っていましたが、どういう方法で回答があったのですか？（How）

**八代さん**：3人はメールで回答があり、2人は電話で回答がありました。

**夏木マネジャー**：なぜ協力できないのでしょうか？　何か具体的な理由を聞いていますか？（Why）

**八代さん**：みんな『ちょっと忙しいので……』という理由です。確かに、今は新製品の売り込みで営業員は忙しい時期なので、強く依頼はできませんでした。

**夏木マネジャー**：実際、今回の依頼はどれくらいの負担がかかりそうなのでしょうか？（**How much**）

**八代さん**：どんな要望を持っているかにもよりますが、彼らなら1～2時間あれば大丈夫だと思います。

**夏木マネジャー**：なるほど。それほど大きな負担ではなさそうですね。そもそも、なぜ営業員の要望を聞こうと思ったのですか？（**チャンクアップ**）

**八代さん**：やはり、彼らの要望は理想的なマニュアルづくりのために有益だと考えたからです。

**夏木マネジャー**：的確な情報がほしかったのですね。そのほかには何か理由がありますか？（**スライドアウト**）

**八代さん**：そのほかですか？　うーん……（5秒沈黙）。あとは、マニュアル完成後に、彼らから『もっとこうしてほしかった』というような、否定的な意見がきたらイヤだなと思ったことも依頼した理由だと考えます。

**夏木マネジャー：いろいろと考えを巡らせていたのですね。**

このように相手にたくさん話をしてもらい、問題点を明確にしていきましょう。

問題の全体像が大まかにつかめたら、問題解決支援コーチング③「問題点の特定」に進みます。

## 問題解決支援コーチング③

# 問題点の特定

傾聴と質問を通じて、部下が直面している問題の全体像が見えてきました。

ただし、この段階で得た情報は「部下の主観に基づく解釈」であることが少なくありません。

したがって、次に必要なことは、それをさらに掘り下げて「解決すべき真の問題」を明らかにすることです。

ここでは、その手順をご紹介します。

### ねぎらいと共感を示す

まずは部下の努力や試行錯誤を認め、安心感を与えることが重要です。そうすることで、このあとも部下の率直な意見を聞くことができるようになります。

次のように話しましょう。

**「ここまで、いろいろ話してくれてありがとう。業務遂行に向けてさまざまな努力をしていること**

**がよくわかりました。とても頑張っていますね」**

## 状況を要約し、解釈を確認する

部下が話した内容を整理し、論点を明確化します。

聞き間違えていたり、聞き逃していたりすると、今後のコーチングに影響します。

あなたが理解した内容を確認しましょう。

その際、よくない確認方法は例えば次のような言い方です。

**「今話してくれた内容を整理すると、以下のような状況ですね。**

**・営業マニュアルを作成するために、チーム外の営業員5人に要望点をヒアリングしようと考えた**

**・しかし全員に拒否されてものすごく困っている」**

この確認方法では、メールで依頼した、全員から忙しくて協力できないと言われた、方向性が決まらず作業が停滞している、という重要な事実が欠落しています。状況を要約する際は**「相手の言葉に極力忠実になる」**ことが重要です。要約しすぎてはいけません。

また、「ものすごく困っている」という表現は、上司の主観です。その言葉を部下が使ったのでない限り、ここで使用すべきではありません。

正しい確認の仕方の例は、次の通りです。

**「今話してくれた内容を整理すると、以下のような状況ですね。**

- **営業マニュアルを作成するために、チーム外の営業員5人に要望点をヒアリングしようと考えた**
- **それを3日前にメールで依頼したが、全員から『忙しくて協力できない』と返答された**
- **理想的なマニュアル作成のためには、彼らの意見が不可欠だと考えているが、協力を得られないため作業が停滞している**

**……この解釈で間違いありませんか?」**

こうすれば、過不足なく相手の言葉に沿って要約できています。部下から「はい、間違いありません」という答えが得られたら、次に進みます。

なお、部下はあらゆる場面で上司の質問に「はい」と言いがちです。

「少し違うのだけれど、そんな細かいことを指摘するのは上司に失礼ではないかな……」

「気分を害してしまうのではないかな……」

というような**お決まりの気持ち**が働いてしまうからです。

したがって上司は、そのような部下の心情に配慮して次のように確認しましょう。

**「細かい点でもいいので、間違いやつけ足したいことがあればなんでも教えてくださいね」**

## 解決すべき真の問題を特定する

前項で確認した内容は、次の通りでした。

- **営業マニュアルを作成するために、チーム外の営業員5人に要望点をヒアリングしようと考えた**
- **それを3日前にメールで依頼したが、全員から『忙しくて協力できない』と返答された**
- **理想的なマニュアル作成のためには、彼らの意見が不可欠だと考えているが、協力を得られないため作業が停滞している**

もしもこれをもとに解決策を考えるのであれば、「どうやって全員の協力をもらうか」というテーマ設定になります。

しかし、これは性急な判断です。なぜならば、右の状況は「部下の考える状況」であり、「解決すべき真の問題」が表現されているかどうかはわからないからです。

したがってコーチは、それをさらに掘り下げて「解決すべき真の問題」を特定することが必要です。次のように質問しましょう。

**「今の状況になった原因はなんだと考えますか?」**

この問いに対しては、次のような回答がしばしば聞けるはずです。

- **協力を依頼した営業員がみな、忙しいから**

- **自分の範囲外の仕事に対して積極的ではないから**
- **新製品の営業活動で忙しい時期だから**
- **私の成果になる仕事に協力する気にならなかったから**

このような「よくある答え」は、原因を自分以外に見いだしています。いわゆる「他責思考（今起きている問題の責任は、自分以外の他者にあるという考え方）」に根差しています。これでは、解決策を見いだすことは容易ではありません。他者を変えることは簡単なことではないからです。

もちろん、原因が他者にあることもあります。

何もかもが自分の責任だというように「自責思考」で勘違いすると、「意味のない自助努力」で時間を無駄にすることになります。

重要なことは、「自分を棚に上げていないかどうか」を点検することです。

したがって、もしも右のような回答が提示された場合は、それを受容し共感したあと、次のように問いかけましょう。

**「仮にあなたの行動に『反省点』があるとしたらそれはなんですか？」**

この質問方法は、相手の考えを「自責思考」に変換させるために大変効果的な質問です。

ただし、回答にはかなりの時間がかかるはずです。ここも沈黙を恐れず、じっくりと答えを待つようにしましょう。

例えば、次のような回答があるかもしれません。

**「メールで依頼すれば承諾してくれるだろうと、安易に考えていました」**

このように、自責思考に根差した答えを引き出すことが重要です。

ただし、ここで安心してはいけません。部下は、あなたの質問に対して「あなたが好むような回答」を出してきたのかもしれないからです。この場を切り抜けるために「心にもないこと」、あるいは「単に思いついただけのこと」を話している可能性も否定できません。

したがって、そのような意見に対して「どの程度本心で話しているのか」を確認する必要があります。

そのためには、次のように質問してください。

**「なぜそう考えたのかを、教えてください」**

この質問に対して、部下が自分の言葉で答えられるかどうかを確認し、「真の問題」を特定しましょう。

業務指示ケーススタディーの例では、次のようになります。

## 業務指示ケーススタディーでの例

**夏木マネジャー：なぜそう考えたのかを、教えてください。**

**八代さん**：今回仕事を依頼したメンバーは、懇親会で意気投合をした仲間だったので、メールで依頼すれば承諾してくれると考えていました。そもそもわれわれ中堅社員は、自分の仕事ばかりでなく、他部署からの依頼についても積極的に関与することが重要だと考えています。正直なところ、今回断られるとは全く想定していませんでした。

**夏木マネジャー**：そうなんですね。なんとなく気持ちがわかります。

**八代さん**：なかなかうまくいかないものですね。

**夏木マネジャー**：それも勉強の一つです。では整理すると、**今の問題の原因は『メールで依頼すれば業務を引き受けてくれるに違いないと、過信していた』こと**だと捉えていいですか？

**八代さん**：そういうことになります。

---

このようにして真の問題（あるいは「目先の問題を引き起こしている原因」）が特定できたら、次の問題解決支援コーチング④に進みましょう。

問題解決支援コーチング④

# 部下の「ネクストアクション」の決定

コーチの役割は、問題解決そのものではなく、部下の問題解決の支援です。

問題解決支援コーチング③において、部下の直面している「真の問題」が特定された今も、それを**解決するのは原則として部下**であり、上司はあくまでも支援する立場を維持してください。

ちなみに本書では、戦略的業務指示におけるコーチングを「問題解決支援コーチング」としています。漢字6文字は見づらいです。それればかりか「支援」と「コーチング」は概念が重複しており、実は美しい日本語表現ではありません。「頭痛が痛い」と言っているようなものです。

にもかかわらず、この名称を使っている理由は、コーチの役割が「支援」であることを忘れないようにするためです。コーチは支援者です。

したがって、支援者たるあなたは、特定された問題に対して次のように進めてはいけません。

- **じゃあ、私が5人に指示しておくよ。**（解決業務の実践）
- **それならもっと丁寧にメールを書きなさい。**（解決策の提示：アドバイス）

前述の通り、コーチは自分で解決行動をしたり、解決策をアドバイスしたりしてはいけません。あくまでも**部下の口から**「次の行動（ネクストアクション）」を引き出したいのです。その手法を、ご紹介します。

## 部下の口から「ネクストアクション」を引き出す方法

### ①ストレートに聞く

最初に試すべきことは、「ストレートに聞く」ということです。

例えば、**「ここまで話してきて少し状況が整理されたと思うのですが、今改めて考えたとき、次にあなたがとるべき行動はなんですか？」**のようにストレートに聞いてみましょう。

非常に興味深い点なのですが、**傾聴が問題を解決する**ということが頻繁に生じます。部下は、あなたと話しているうちに気がまぎれたり、新しい考えを思いついたり、あなたに話を聞いてもらったことがうれしくてやる気が出てきたり、コーチングを受けながらさまざまに変化します。

すると、右のような質問に対して**「ああ、もう大丈夫です。もう一度自分で考えてチャレンジしてみます」**のように回答することがあります。

この不思議な状況は、本当にしばしば生じます。もしそれが生じたら、あなたの傾聴と質問が、その部下には効果的だったということです。おめでとうございます！

### ②コーチングの質問で引き出す

ストレートに聞いてもネクストアクションが部下から出てこないようなら、再びコーチングの質問を展開しましょう。質問の方法はさまざまですが、ここではネクストアクションを引き出すのに効果的な質問パターンをいくつかご紹介します。

## 封印されている「最善の解決策」を引き出す質問

**「実行する際の煩わしさをいったん忘れて考えたとき、一番有効な行動はなんですか？」**

部下からネクストアクションが出てこない理由として、「本当はやるべきことがわかっているのだが、『やりたくない』という気持ちが、その解決策を見えなくしている」ということがしばしばあります。「見えなくしている」というよりも「見ながら封印している」と言ったほうが正確かもしれません。

例えば、**「本当は、苦手な同僚と腹を割って話し合う必要がある。それが最善の方法だと思う。でもそれは、とても勇気がいることなので、できればそれ以外の解決策を探したい」**というような身勝手な気持ちです。このような気持ちを持ったまま、ひとりで考えている限り、「封印された最善の解決策」が用いられることは永遠にありません。

そこで、コーチングが必要なのです。コーチが右のような質問をすることで、**最善の解決策を検討の土俵に上げる**ことができるのです。

次のような質問も、同様の効果があります。

**「あなたが実行することを前提にしないで考えたとき、一番有効な行動はなんですか？」**

**「一度実行しようと思ったのに、実行しなかった行動はありますか？」**

## 最初の一歩を引き出す質問

**「今の状況を50点だとしたとき、あと10点上げるためには、まず何をしたいですか？」**

行動に迷っている人は「その仕事を終わらせること」を考えすぎています。もちろん「行動のゴールイメージ」を描くことは重要ですが、それを考えすぎて、最初の一歩が踏み出せないなら本末転倒です。

業務を遂行する上で重要な考え方は、「業務を終わらせる」ではなく「始める」という考え方です。始めなければ終わりは来ません。最初の一歩が、最後の一歩につながるのですから。

したがって、コーチが右のような「100点満点を求めず、まず10点上げるためにはどうすればいいのか」という質問をすることで、**最初の一歩に目を向けさせる**ことができます。あと10点上げる方法をまず聞き出したら、「さらにあと10点上げるには」というように、段階的にコーチングを進めてあげましょう。

小さな一歩を重ねて成功にたどり着く**「ベイビーステップ」**の進め方は、行動をためらう部下には効果的な提言です。

## 選択肢を絞る質問

**「3日以内に解決しなければいけないとしたら、明日は何をすべきですか？」**

「ジャムの法則」をご存じでしょうか？　1995年にコロンビア大学のシーナ・アイエンガー教授により発表された法則で、「購買を検討できる選択肢が多すぎると購買の意思決定が難しくなる」という購買行動に関する法則です。「いっぱいありすぎて決められないから、やめよう……」という心理で、**「決定回避の法則」**ともいいます。

このようなことは購買時のみならず、さまざまな場面で生じています。

問題解決アクションを特定する際にも、すでに目の前には多くの選択肢が列挙されているはずです。たくさんの選択肢は、より的確な行動を決定するための貴重な**「資源」**ではありますが、半面、（ジャムの法則でも明らかなように）**「意思決定を混乱させるもの」**でもあるのです。

そこで、右のような質問をすることで、半ば強制的に意思決定させるのです。「3日以内に解決しなければいけない」という条件が付けば「実行に時間がかかるもの」「実行しても効果が薄いもの」「実行するイメージが具体化されていないもの」などの選択肢は排除され、意思決定が容易になります。

意思決定しかねている部下の背中を押すには、有効な質問のひとつです。

---

**シーナ・アイエンガー教授の実験**

同教授は、スーパーマーケットにおいて、24種類のジャムが置いてある試食コーナーと、6種類のジャムが置いてある試食コーナーの二つを設けて、どちらがより多く購買に結びつくかを実験しました。

その結果、6種類のジャムが置いてある試食コーナーのほうがより多く売れました。24種類のジャムが置いてある試食コーナーは、選択肢が多すぎて購買意欲を減退させていたのです。

---

## ③示唆質問をする

経験豊富なあなたは、部下とのコーチングの中で「この部下が次に何をすべきか」を自然と思い描いているかもしれません。しかし、それをそのまま伝えてしまうと「アドバイス」になり、部下の主体性を損なう可能性があります。そのため、さまざまなコーチング質問を活用し、多角的に問いかけてきたことでしょう。それでもなお、部下から適切な答えを引き出せない場合には、**「示唆質問」**を取り入れることを検討してください。

示唆質問とは、相手に考えさせ、議論を深めるための質問です。これは「営業スキル」としてもよく知られる質問で、顧客の潜在ニーズに気づかせるための効果的な質問手法です。コーチングの場面においてこれを用いることで、部下の意思決定を優しくサポートすることができます。

通常の質問と示唆質問の違いは、後者は**コーチ側が「正解のイメージ」を持っている**点です。したがってコーチの質問は、その「正解イメージ」を部下に気づかせるように、示唆的に進めることになります。

示唆質問の例を見ていきましょう。

207ページで、真の問題は**『メールで依頼すれば業務を引き受けてくれるに違いないと、過信していた』**ことのように特定できています。これに対し、あなたが**「もっと丁寧なメールで協力依頼すべきだった」**と思ったのであれば、示唆質問を、次のように展開しましょう。

**夏木マネジャー**：ところで、メールはどんな内容で送信したのですか？

**八代さん**：営業マニュアルづくりに協力してほしいので、来週月曜日の17時から打ち合わせをさせてほしい、とだけ記載しました。皆さん忙しいので、簡潔なメールにしました。

**夏木マネジャー：**なるほど。それを見て「協力はできない」と回答があったのですね？

**八代さん：**そうです。

**夏木マネジャー：**協力できない理由はなんだったのでしょうか？

**八代さん：**全員共通で「時間がつくれない」という理由でした。

**夏木マネジャー：**なるほど。しかし、それは本当の理由なのでしょうか？

**八代さん：**実際は時間がないというよりも、面倒くさかったのではないかと思います。

**夏木マネジャー：**そうかもしれませんね（笑）。ところで、協力による彼らのメリットはないのですか？

**八代さん：**メリットと言えるかどうかわかりませんが、打ち合わせをカジュアルに進めたかったので、軽食を準備する予定でした。あと少量ですが、ビールや酎ハイを振舞えるように夏木マネジャーの承諾を得ようと思っていました。

**夏木マネジャー：**そんな要望なら、もちろん承諾しましたよ。その情報は、5人にとってもうれしい情報ですよね。**それはメールでは伝えていなかったんですよね？**

**八代さん：**はい、伝えていませんでした。サプライズでいいかなと思って。あ、でも事前に伝えれば参加したくなるかもしれませんよね。

**夏木マネジャー：**そうですね。もともと懇親会の場で仲良くなった仲間でしたし、みんなお酒好き

なのでしょ？（笑）

次に、あなたが**「そもそも他者の意見を事前に聞く必要はないのではないか」**と思ったのであれば、次のように示唆質問を展開できます。

**夏木マネジャー**：協力を依頼できたとして、その人たちからどんな意見が聞けそうですか？

**八代さん**：顧客のタイプに合わせて数種類作るべきだとか、商談時間の設定に関するノウハウも入れるべきだとか、いろいろ聞けると思います。

**夏木マネジャー**：なるほど。八代さんが想定しなかったような意見もあると思いますか？

**八代さん**：あると思います。

**夏木マネジャー**：たくさんあると思いますか？

**八代さん**：たくさんはないと思います。

**夏木マネジャー**：それでも、彼らから先に意見を聞きたいと思った理由はなんですか？

**八代さん**：先に自分と同じ意見だなと思えれば、安心して進められると思いました。

**夏木マネジャー**：**それは何がなんでも必要な安心感ですか？**

**八代さん**：確かに、それほどではないかもしれません。……マネジャー、答えがわかりました。

**夏木マネジャー**：お！　なんですか？

**八代さん**：先に自分でドラフトを作って、あとから彼らに確認してもらえばいいと思います。
**夏木マネジャー**：なるほど。それなら進められそうですか？
**八代さん**：はい、大丈夫です。
**夏木マネジャー**：素晴らしい！

このような示唆質問は、あなたのイメージしたゴールが前提となるので、若干誘導的ではありますが、「これを実施しなさい」と指示・命令したり、「実施してみたらどうですか」と推奨・助言したりするよりも、部下の主体性を維持できます。なぜなら、示唆質問で進めれば「その解決策は部下が決めたこと」という形を維持できるからです。

これは重要なポイントです。部下は自分で選んだ方法に対してこそ主体性、オーナーシップを感じます。上司の授けた策では、いまひとつやる気にならないことが少なくありません。

だからこそ、あなたは例文の2か所のグレーの部分を、「それをメールで事前に伝えたらどうですか？」とか、「その安心感は必要ないでしょう」などのようにアドバイスしたり、決めつけたりしてはいけません。

あくまでも示唆質問で進めて、部下の出した答えに対し「**あー、それは気づかなかったけど、いい考えだね。あなたの考え、いいね**」というスタンスを維持する必要があります。

最後の最後で「そうそう、それが正解だよ。よく気づいたね」などと言ったら台なしです。そのような、マウントを取るコメントは厳禁です。部下に花を持たせてください。

**④業務遂行に対する励まし**

部下のネクストアクションが決まりました。部下はその業務完遂に向けて、新たな気持ちで進んでゆくはずです。あなたらしい励ましの声をかけてあげましょう。例文の2か所のグレーの部分の場合なら、

「では、その趣旨でメールを作成してください。みんな参加してくれるといいですね」

「ドラフトづくりも大変でしょうが、いいアイディアだと思うので頑張ってみてくださいね」

**前述の終末効果**（162ページ）という言葉を思い出してください。**人は、他者と別れたときの最後の印象を次の面談まで持ち続ける**というものでした。

したがって、この面談の締めくくりにどんな表情・声・言葉を駆使すべきかは、ここまで本書を読み続けてきたあなたには説明の必要はないはずです。

以上が、「業務遂行状況を把握する」内容に関するご案内です。
次章では「業務遂行に介入する」方法をご案内します。

# 第 6 章

# 業務遂行に介入する

戦略的業務指示フェーズ

仕分けステージ

業務指示ステージ

部下育成フェーズ

支援ステージ

評価ステージ

## 任せた仕事の進捗確認からサポートの流れ

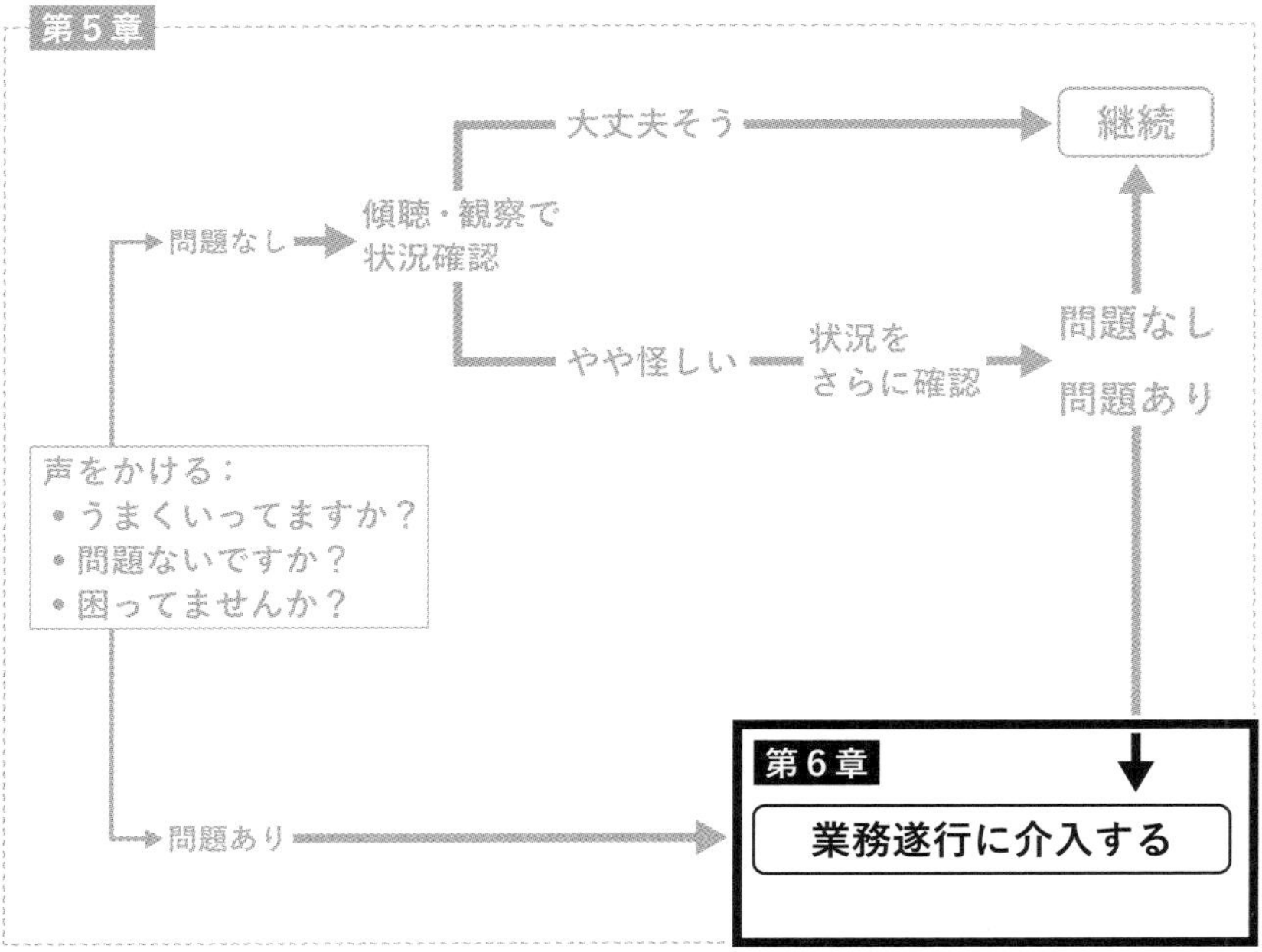

## 業務遂行への介入も戦略的に実施する

「戦略的業務指示」とは、部下の育成を目的とした業務指示を指します。その本質は、仕事の成功体験だけでなく、失敗からの学びを通じた「成長と学習」を最大の目標とすることにあります。

この視点から導き出される原則は、「任せた業務の遂行には極力介入しない」ということです。しかし実際には、多くの上司が安易に介入する傾向があります。例えば、部下の失敗を恐れて介入したり、部下からの「ヘルプ」に反射的に応じたりしがちです。こうした行動は、部下にとって貴重な学習機会を奪うだけでなく、以下のような弊害をもたらします。

- **無力感の醸成：「結局、自分ではできず、上司に助けてもらった」という感覚が残る**
- **依存心の助長：「困れば上司が助けてくれる」という甘えが生じる**

このような状況では、戦略的業務指示の意義が損なわれてしまいます。

もちろん、介入そのものが悪いわけではありません。適切な介入は、「部下の業務遂行を支援する重要なマネジメント行動」の一環であり、必要不可欠です。一切介入をしなければ「放任」や「業務の丸投げ」の誹《そし》りを受ける可能性もあります。避けるべきは**計画性や目的を欠いた無分別な介入**です。部下に仕事を任せる際には、計画的かつ戦略的に、業務遂行への介入を行なうことが求められます。

本章では、この「介入の戦略的実践方法」について具体的に解説していきます。

## 介入の必要な状況とは

介入は、次のような状況において必要です。

### 任せた仕事の期限内の完了が疑わしいとき

業務には、必ず期限が設定されています。部下の動きを観察する中で、期限内の完了が難しいと感じた場合には、その状況を確認し、是正のために介入する必要があります。

ちなみに、業務の遅れは「計画性の欠如した部下」だけに起きるとは限りません。「完璧主義で成果物へのこだわりが強い部下」も遅れを引き起こしがちです。このような部下は、重要でない細部に時間を使いすぎる傾向があるからです。

仕事を任せた部下が、納期遅れを起こしやすい部下かどうかを事前に理解しておくことは、介入タイミングを判断する上で有効です。

一方、業務の進捗状況は観察だけでは完全に把握できません。されど、毎日のように「終わりそうか」「問題はないか」と声をかけるのも実際的ではありません。しかも、このような声掛けは「マイクロマネジメント」となり、部下の主体性を損なう結果を招きがちです。

そこで有効なのが、部下と**「進捗状況」**を共有する仕組みを構築することです。

## ■進捗シグナルの活用

進捗状況を「○（予定通り）」「△（遅れ気味だが回復可能）」「×（問題発生）」などのシグナルで報告してもらいます。これにより、日々の進捗確認が簡略化され、「△」の段階で介入を検討すればいいため、効率的です。部下には、「△を入れた時点で必ず私に報告するように」と伝えておきましょう。

## ■進捗率の活用

行動目標に対する進捗状況を、パーセンテージで報告してもらう方法です。進捗率を共有することで、業務状況を定量的に把握でき、介入の適切なタイミングを判断しやすくなります。

これらの進捗表は、ホワイトボードや壁への掲示、共有フォルダの活用などにより、関係者全員で共有できます。こうした仕組みによって、過剰な声掛けを削減しながら、必要なタイミングでの戦略的介入が可能となります。

### 仕事の進捗を管理する2つの方法

## 進捗シグナル

| 業務 | 担当者 | 9/1 月 | 9/2 火 | 9/3 水 | 9/4 木 | 9/5 金 | 〆切 |
|---|---|---|---|---|---|---|---|
| 営業マニュアル作成 | 八代 | ○ | ○ | △ | ○ | | 9/22 |
| 展示会準備 | 斎藤 | ○ | ○ | ○ | △ | | 9/19 |
| 他部署との会議準備 | 井田 | ○ | ○ | ○ | × | | 10/1 |
| 新入社員の研修 | 早野 | ○ | ○ | 完 | | | 9/3 |

○＝順調　△＝やや遅れ　×＝問題あり

## 進捗率

| 業務 | 担当者 | 9/1 月 | 9/2 火 | 9/3 水 | 9/4 木 | 9/5 金 | 週間目標 | 〆切 |
|---|---|---|---|---|---|---|---|---|
| 営業マニュアル作成 | 八代 | | 25% | 50% | 60% | | 70% | 9/22 |
| 展示会準備 | 斎藤 | 0% | 0% | 10% | 10% | | 40% | 9/19 |
| 他部署との会議準備 | 井田 | 20% | 35% | 50% | 70% | | 80% | 10/1 |
| 新入社員の研修 | 早野 | 65% | 65% | 100% | | | 100% | 9/3 |

## 部下の行動に不安を感じたとき

任せた業務を遂行している様子が見られない、業務指示の際に合意した「禁則事項」を犯しているなど、部下の行動に不安を感じたときも介入が必要です。

特に禁則事項は、業務遂行上の「ルール」です。これが破られると、業務効率の低下だけでなく、コンプライアンス上の問題に発展するリスクさえあります。

## 部下の元気がないとき

仕事を任せた部下が、普段よりも元気がなかったり、疲れて見えたりしたら介入を検討しましょう。その部下は、業務を成功させようとして過度なプレッシャーを感じている可能性があります。

適度な緊張感はモチベーションの向上に役立つ一方で、いきすぎるとパフォーマンスの低下やメンタルヘルスの問題を引き起こしかねません。特に難度の高い業務を任せた際には、部下の状態を注意深く観察し、「メンタルケア」の意識を普段以上に高めることが重要です。

# 戦略的な介入方法

介入すべき状況が発生したら、迅速な介入行動が必要となりますが、その行動は慎重に選ぶ必要があります。これを間違えると部下の自律性を損ない、成長の機会を奪ってしまう恐れがあります。

介入をする際の基本原則は、「最小限に抑える」ことです。介入の度合いが小さければ小さいほど、部下は業務完了時に**より大きな達成感や自己効力感を得る**ことができます。そのため、介入は「**小さく**」「**段階的に**」行なうことが理想です。

本章では、介入の度合いを7段階に分類し、その具体的なアプローチを紹介します。「レベル1」から順にご覧ください。

## 介入レベル1　問題解決支援コーチング

第5章でも紹介した次のステップにしたがって、「問題解決支援コーチング」を実施してください。

**①話しやすい場づくり**
**②部下が直面している問題のヒアリング**
**③問題点の特定**
**④部下の「ネクストアクション」の決定**

「②問題のヒアリング」の切りだしは次のようになるでしょう。

- **進捗シグナルが「△」になったね。リカバリーはできるのだろうけど、大丈夫そう?**
- **先週は残業が多かったようだね。業務進行に問題を感じていますか?**

**・最近一人で考え込んでいる姿をよく見かけるのですが、何か悩みがありますか？**

これらの質問をきっかけに、部下の考えを丁寧に傾聴し、適切な問いかけを重ねてコーチングを進めます。

この「介入レベル1」で完結すれば、部下は業務完了時に達成感や自己効力感を十分に得ることができます。

最終的にどのレベルまで介入するかは状況次第ですが、必ずレベル1「問題解決支援コーチング」から始めてください。

## 介入レベル2　アドバイスする

介入レベル1「問題解決支援コーチング」で問題が解決しなかった場合は、介入レベル2「アドバイスする」に進みましょう。コーチングを通して把握した部下の問題に対して、あなたが考える解決策をアドバイスするのです。

**・例えば、こうしてみたらどうですか？**

**・このやり方があなたにぴったりだと思いましたが、どうですか？**

のように表現しましょう。

アドバイスは対等な立場からの助言なので、受け入れるかどうかは**相手に選択権**があります。

したがって、「これをしなさい」というような**上からの指示・命令口調**や、「これをしてくれませんか」のような**下からの懇願表現**はいずれも適切ではありません。右の例のように「私はこう思いますが、あなたはどう思いますか？」という表現が最適です。

一方、アドバイスを提示してもなかなか決断できず、話が進まないこともしばしば生じます。そのような「煮えきらない時間」にも部下は懸命に考えているはずなので、判断を急かしてはいけませんが、あまりにも時間がかかっているときは、アドバイスの受け入れを少しプッシュしてみましょう。

次の二つを試みてください。

### トライアルの推奨

「なかなか判断できない様子ですね。では、**いったんこの方法を試してみて、**その結果を見ながら進めるようにしませんか？」のようにトライアルを推奨してみましょう。「うまくできるだろうか」「失敗したらどうしよう」というような不安から解放され、アドバイスを受け入れることができるかもしれません。

### 選択肢の提示

「なかなか判断できない様子ですね。**例えば、AとBだったらどちらが進めやすいですか？**」のように選択肢を提示しましょう。行動のオプションが明確になるので決断しやすくなります。また、上司に指示されたのではなく、「最終決定は自分が下したのだ」という自覚をより強く持たせることができます。

アドバイスを提示した結果、部下がその行動を起こすことを決意し、「やってみます」と言った時点で介入は終了です。

## 介入レベル3　手本を示す

介入レベル1、または介入レベル2で、やるべきことは決まったけれど、**具体的な進め方・やり方がわからないために行動を起こせない**……という状況であれば、介入レベル3に進みます。

例えば、次のように手本を示します。

- やるべきことは「関係者にメールで相談する」ことだが、「メールの書き方がわからない」場合

**➡手本のメールを一通書いて**、その要点を説明してあげましょう。

- やるべきことは「新規顧客の開発」だが、「新規顧客への営業方法がわからない」場合

**➡ロールプレイで見本を見せ**、その要点を説明してあげましょう。

手本を示したら、必ず**部下に同じようにやらせ、できるまで指導し、うまくいったら褒める**ということが重要です。かの山本五十六の有名な名言、「やってみせ、言って聞かせて、させてみせ、ほめてやらねば、人は動かじ」を想起する方も多いと思いますが、まさにその考え方です。

## 介入レベル4 より多くのリソースを提供する

介入レベル3で、手本を示しても、**とても不安そう、元気がないまま、何か言いたそう**……など、自信のなさがいろいろな兆候で表れ、このままでは業務継続が困難だと判断することがあるかもしれません。そのような場合は、さらにコーチングを進める必要があります。

重要なポイントは、「できない理由」ではなく**「どうすればできるのか」**を聞くことです。**「ここまで意見交換をして、見本を示してみてもまだ不安を感じているようですね。どうすれば少しでも先に進めることができますか？」**のように聞いてあげましょう。

このような質問に対して、第三者の手助けを要求してくることがしばしばありますが、介入レベル4では、**ヒト以外のリソース提供**に留めてください。

つまり、介入レベル4で追加提供ができるリソースは次の4つです。

- **モノの提供……業務遂行に役立つツール、機器を提供する　など**

- **カネの提供……必要経費を増額する　など**
- **情報の提供……業務遂行に必要な情報、ヒントを提供する　など**
- **時間の提供……業務の期限を延長する　など**

これらのリソースは「業務を成功させるために必要なもの」として、部下があなたに要求したものです。したがって、それらを**効果的に使用して業務を成功させることに責任**を持たせましょう。

「とりあえず予算を増やしてください」というような安直な要求であれば、承諾すべきではありません。「それを追加支給されると、なぜ業務が完遂できるのか」を明確に聞き出し、その妥当性が納得できた場合に限り、リソース提供を検討しましょう。

ちなみに、悩める部下がその渦中で一番喜ぶのは時間の提供、つまり**期限の延長**です。時間に余裕ができると、気分がとても楽になるからです。しかし、このことが**「安易な先延ばし」**にならぬよう、注視する必要があります。

## 介入レベル5　サポート要員を提供する

介入レベル4では「モノ、カネ、情報、時間」というリソースを提供しました。介入レベル5は、もう一つのリソース「ヒト」に関する提供です。「ヒト」の提供が、なぜレベル5なのかについて説明します。

「モノ・カネ・情報・時間」の提供を追加で受けたとしても、それらの追加資源を活用して実行するのは結局、自分自身です。追加リソースを得ながらも「一人で完遂した」という実感を維持することができます。

しかし、「ヒト」を提供された場合は「一人でできなかった」という挫折感を招きやすくなります。したがってサポート要員の提供は、より高い「レベル5」での介入になるわけです。もちろん、サポート要員の選定においても戦略的に実施すべきです。

- **単純作業や簡単な業務**→新人や後輩社員
- **より高度な仕事**→同僚など、同レベルの力を持った社員
- **難度が高い仕事**→先輩社員

言うまでもありませんが、これら「サポート要員」に対しても、サポート業務の内容、サポートする意義、あなたに任せる理由など、第4章で案内した「戦略的業務指示」を実践すべきです。

## 介入レベル6　上司が直接介入する

介入レベル6は、上司の直接介入です。この介入は、実質的には最上位のレベルです。部下の自

主性維持のためには、**できれば使いたくない介入レベル**ですが、次のような場合は使うことになるでしょう。

### ほかにサポート要員がいない

ほかの社員も当然、それぞれの仕事を持っています。適切なサポート要員が見当たらない場合は、あなたが直接介入せざるをえません。

### 上司しかできない（資格・能力面）

サポートすべきポイントが高度で、能力的にも資格的にも、ほかの社員では困難な場合は、あなたの介入が必要でしょう。

### 指導が必要

サポートすべきポイントを「サポートしながら指導したい」ならば、あなたの介入が必要です。

なお、上司が直接介入することで、部下はあなたが想像する以上に「挫折感」を感じている可能性があります。したがって、介入の際は、そうした部下の心情に配慮し、面倒くさそうな顔、怒ったような顔、イライラした声などを感じさせないよう、いつも以上に注意してください。

## 介入レベル7　業務指示の取り消し

介入レベル7は、介入最高レベルで業務指示の取り消しです。

業務指示の取り消しに至る理由は、**「社内での体制変化、社外ビジネス環境の変化」などの外的要因**と、任せた部下の**「能力不足、気力不足、体調不良、家庭の事情」などの内的要因**に大別されます。

**外的要因**による取り消しに関しては、仕方のないことと割り切るしかありません。その時点までの部下の尽力に感謝しつつ、事情を話して業務を取り消しましょう。

**内的要因**による取り消しは、注意が必要です。あなたは、「介入レベル1から介入レベル6までを実行したが、業務完遂の見込みが立たず、完了期限が迫っており、これ以上の遅延は社内外を問わず支障が出る」と考えたのかもしれません。

または、「介入レベル3でアドバイスをしたが、業務遂行に対する意欲をまったく感じられず、リソース追加でどうにかなるような状態ではない」と考えたのかもしれません。

理由はさまざまでも、あなたはあなたの判断で「業務指示の取り消し」を指示することになります。取り消した仕事はそのままあなたが引き受けることもあれば、別の部下に再指示をすることもあるでしょう。

一方、業務を取り消された部下の立場に立つと、自分に責任があるとはいえ、少なからず落胆するはずです。よって、取り消す理由の如何《いかん》によらず、そのコミュニケーションには十分配慮し、業務へのモチベーションが下がらないよう留意する必要があります。

## 業務指示の取り消しコミュニケーションにおける留意点

最も重要なことは、必要以上に落胆させないことです。次の手順で伝えましょう。

**業務指示の取り消しの旨を伝える**

「私なりに考えた結果、今回お願いした仕事はいったん取り下げることとします」

**その理由を伝える**

「なぜならば、現状の進み具合だと、期限までの完成が困難だと思えることと、このまま業務をお願いし続けると○○さんにとって過度な負担になるだろうと考えたからです」

## ここまでの業務遂行を労う

「ここまでよく頑張ってくれました」

## 今回の振り返りは別途実施することを伝える

「本件についてはいったん白紙に戻しますが、ここに至るまでたくさんの学びがあったと思います。最終成果には結びつかなかったとはいえ、たくさんのいい行動があったことを知っています。もちろん、改善すべき点もあるでしょう。これらについては後日、時間をとってしっかりと振り返りましょう。ここまでの尽力、ご苦労さまでした」

## 通常業務に集中するよう励ます

「今後は、通常業務のほうに集中してください」

ポイントは、**「責めない」**ということです。部下を落胆させたら、少なからず通常業務にも影響が生じるでしょうし、部下の健全な「学び」につなげることができなくなります。

もちろん、業務指示の取り消しに至った背景がどうひいき目に見ても「ここまでよく頑張ったとは言えない」という状況もあると思います。言葉は適宜、選んでください。

重要なことは「通常業務に悪影響が出ないようにする」ことです。

## 介入レベルに対する考え方

以上、7つの介入レベルをご紹介しましたが、介入レベルは1→2→3→4……と**必要に応じ、徐々に上げてゆく**ことが重要です。なぜならば、介入が小さくすめばすむほど部下自身の「自己効力感」を侵害しないですむからです。

**・失敗に対する許容度が高い仕事（失敗しても大きな問題はない仕事）**

介入レベル3で留めることを心がけてください。極力一人で業務を遂行させ、自己効力感を向上させたいからです。その上で、失敗から学ばせればいいのです。そのほうが、部下は育ちます。

**・失敗に対する許容度がやや低い仕事（失敗すると若干の問題がある仕事）**

介入レベル4、5、6も考慮しましょう。失敗させないような介入が必要です。この場合、部下は一定の挫折感を味わうかもしれません。その挫折感は放置せず、学習材料として評価面談時に取り上げるべきです。

なお、介入レベル7「業務指示の取り消し」を適用した場合、部下の自己効力感は「ほぼなし」となります。したがって、介入レベル7は、やむをえぬ場合にのみ使用する**最終手段**だと心得てください。

## 部下の業務に介入する方法

| 介入レベル | 内容 | 自己効力感 |
| --- | --- | --- |
| 1. 問題解決支援<br>コーチング | 1. 話しやすい場づくり<br>2. 部下が直面している問題のヒアリング<br>3. 問題点の特定<br>4. 部下の「ネクストアクション」の決定<br>5. 業務遂行に対する励まし | 高 |
| 2. アドバイスする | 1. 対等な立場からの助言<br>2. トライアルの推奨<br>3. 選択肢の提示 | 高 |
| 3. 手本を示す | 1.手本を示す<br>2.説明する<br>3.やらせる<br>4.褒める | 高 |
| 4. リソースの提供①<br>• モノ<br>• カネ<br>• 情報<br>• 時間 | • モノの提供…業務遂行に役立つツール、機器など<br>• カネの提供…必要経費など<br>• 情報の提供…業務遂行に必要な情報、ヒントなど<br>• 時間の提供…完了期限の延長 | 中 |
| 5. リソースの提供②<br>• ヒト | • 単純作業…後輩社員<br>• より高度な仕事…同僚社員<br>• 難度が高い仕事…先輩社員 | 中～低 |
| 6. 上司が<br>直接介入する | • 上司以外サポート可能な社員がいないときに限定<br>• 単純作業、仕事の分担、難度が高い仕事<br>…過剰なサポートは厳禁 | 低 |
| 7. 業務指示の<br>取り消し | • 外的要因(社内での体制変化、ビジネス環境の変化など)<br>• 内的要因(能力・気力不足、体調不良、家庭の事情など)<br>1. 取り消しの旨を伝える<br>2. 理由を伝える<br>3. ここまでの業務に感謝する<br>4. 別途「振り返りの機会」があることを伝える<br>5. 通常業務に集中するよう励ます | ほぼなし |

# 第7章

# 成果確認と評価面談準備

戦略的業務指示フェーズ

仕分けステージ

業務指示ステージ

部下育成フェーズ

支援ステージ

評価ステージ

成果確認から評価面談までの流れ

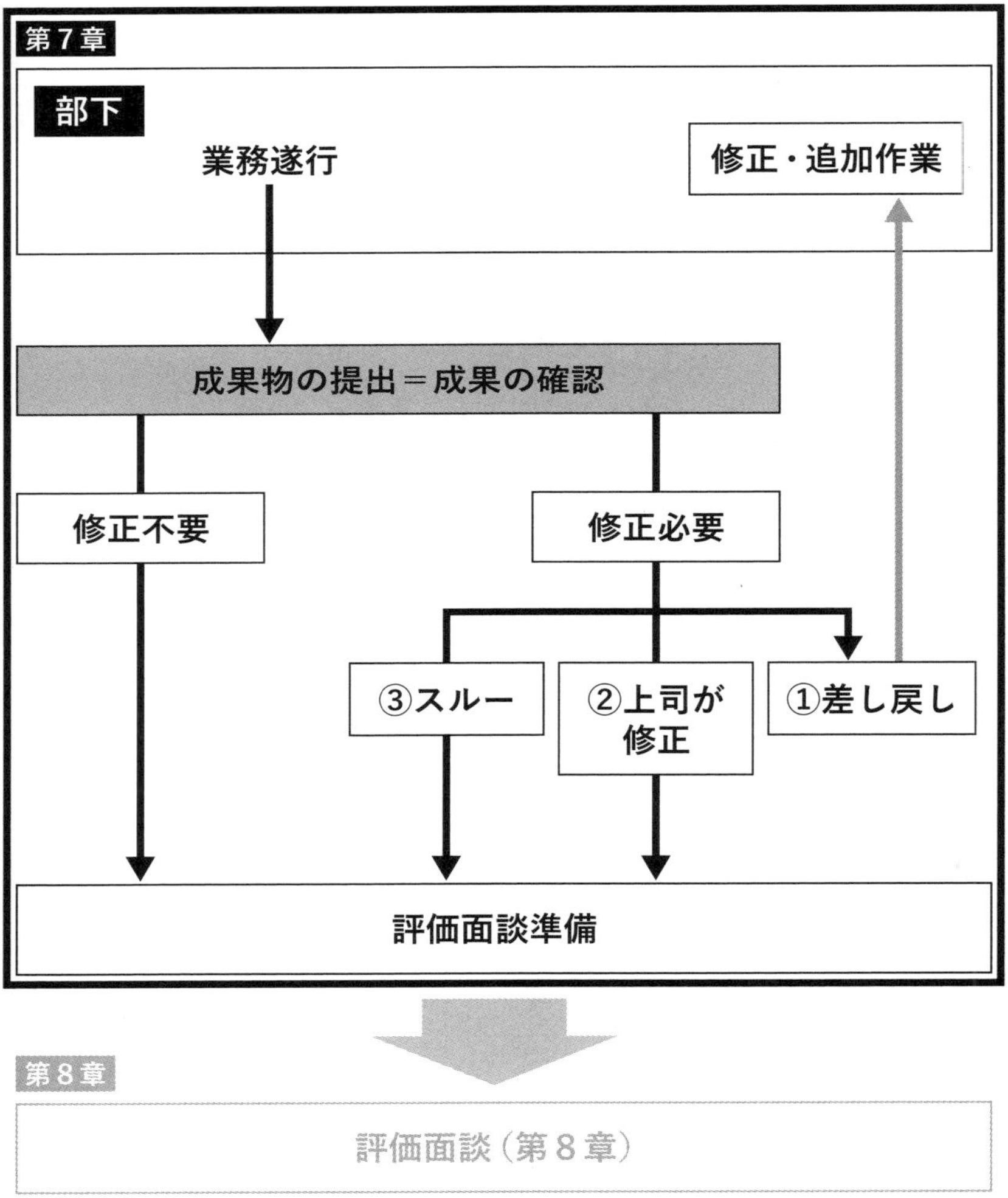

# 成果確認

ここからは「評価ステージ」をご案内します。本章は、あなたが任せた仕事が部下によって遂行され、その成果を受け取る場面です。

あなたは「戦略的業務指示」で何かの提出を求めたのかもしれません。または、何かの行動を求めたのかもしれません。

どちらにしても、その成果が**指示した内容に見合っているのか**を、業務指示書の次の項目に基づいて確認する必要があります。

**①仕事内容：**指示した内容とかけ離れていないか？
**⑥報告方法：**報告様式は守られているか？
**⑩禁止事項：**禁止事項を犯していないか？
（129ページのケーススタディーの表を参照）

これらの項目に問題がなければ、その業務を受け取りましょう。

問題がある場合の対処方法は、次の通りです。

## 提出された業務成果に問題がある場合の対処方法

### 仕事を部下に差し戻す

当然ながら、問題があれば部下に差し戻して、完成させることが基本方針です。

### 自分で修正する

一方で、部下が修正業務に対して時間的余裕を確保できない場合には、あなた自身が修正を引き受けることになります。

### 修正を行なわず、そのまま受け取る

提出された業務成果に問題があったとしても、それが業務全体に大きな悪影響を及ぼさないならば、そのまま受け取ることも検討できます。修正に要する時間を削減し、リソースをほかの重要なタスクに集中できるため、「本当に影響がない」と判断できる場合には有効な対処方法となります。

いずれの選択肢を選ぶにしても、最終的にはあなたの「部下育成戦略」との整合性を意識することが重要です。どのような対処を選ぶかによって、部下の成長やチーム全体のパフォーマンスに影響を与えることを念頭に置きましょう。

特に「仕事を部下に差し戻す」を選んだ際は、一定の手順と配慮が必要です。次項でご案内しま

す。

## 業務差し戻し時の手順と留意点

業務を差し戻す際の手順と、留意点をまとめておきます。

**まず業務遂行を承認する**

部下が一生懸命努力した結果を目の前にしているわけです。内容がどうであれ、「業務遂行・完成」に対する承認の気持ちを伝えるのは上司の基本作法です。

**次に「よくできている点」を伝える**

業務指示書に基づいて「よくできている点」を伝えて、労をねぎらいます。褒めたり、承認したり、感謝したりして、ポジティブな気持ちや感情を前面に出しましょう。

**次に「できていない点」を伝える**

ここでのポイントは「責めたり、評価したりせず、できていない点を**単に伝える**」ということです。客観的な事実ベースでの指摘に徹してください。

例：資料内に「専門用語」に対する用語説明がありませんでした。

**それに対する所見を伝える**

できていない点に対するあなたの所見を伝えます。不備のある部分に関して、「私はこう考えています」と意見を開示することで、部下との間に共通の問題認識を創出しましょう。

例：その状態だと、新入社員には理解が難しいなと思いました。

このとき注意すべきことは、**「ネガティブな感情を伝えない」**ということです。「とても残念だ」「非常に心外だ」「がっかりした」というような感情を**言葉でも、声でも、表情でも**伝えてはいけません。

**修正・追加要望点を具体的に示す**

「どんな修正を求めているのか」を具体的に示してください。

最初の業務指示段階では、「禁止事項に触れない範囲」での自由な行動を認めていた部分もあると思います。そのほうが部下にとっては「やり甲斐」があるでしょうし、主体性を発揮させるいい方法だからです。

しかし、今は「業務の完成に向けた**最終調整段階**」なので、「自由度」は限定的です。**具体的に**指示してください。

したがって次のような指示は、抽象的なのでよくありません。

- **全体的にわかりやすく**変更してください。
- もう少し**シンプルに**してください。

- 実例を**適度に**挿入してください。
- もっと**ロジカルな表現**にしてください。

これでは、あなたの希望する修正イメージが伝わらず、再び要件を満たさない成果が提出される可能性があります。

次のように具体的に指示すべきです。

- **専門用語を一掃して、各章ごとに一つずつ図表を挿入してください。**
- **言葉を減らすために「です・ます調」をやめてください。**
- **営業トークに関しては「実例」を入れてください。**
- **各章の構成を「結論→理由→根拠→再び結論」に再構成してください。**

こうすれば、あなたのイメージに沿って修正作業がなされるはずです。

なお、たび重なるやり直しは、部下の「自己効力感」を減退させます。任せた業務の内容にもよりますが、原則として**「差し戻しは1回限り」**と考えましょう。

## 上司が修正業務を実施する際の留意点

提出された成果に対して、あなたが修正業務を実施する場合にも、さまざまな配慮が必要です。

留意すべき点をまとめておきます。

## 必要最小限の修正に留める

修正すべき業務の内容にもよりますが、修正範囲は必要最小限にしましょう。

あなたが全力で修正作業を実施すれば、成果は見事にグレードアップされるでしょう。まるで別物に生まれ変わった成果を見てあなたは「さすが私だ」と大満足かもしれませんが、部下はその素晴らしい「修正版」を前に「私の業務は全然ダメだったんだな」と落胆するでしょう。部下の努力が無になるような別物を作り上げることは、やりすぎです。

## 成果物の質に関し関係者の了解を取っておく

上司の修正作業を必要最小限に留める理由は、部下の育成を優先するからです。しかし、それは「最高品質の成果」を会社に届けられない可能性があることを意味します。会社としては望ましいことではありません。

したがって、事前に関係者（特にあなたの上司）に合意を取り付けておきましょう。例えば、「部下の長期的育成のために、今回の業務において若干の質の低さはご容赦ください」などのように伝えましょう。このような「関係者や上司への根回し」は、部下育成を重要視するマネジャーにとって大変重要です。

## 修正業務をしながら部下の育成ニーズを探す

あなたが発見した「不足点」「不備」は、「その部下にしばしば再現する不備」であることが少なくありません。したがって、単に修正作業に没頭するのではなく、「部下の育成ニーズ」を探しながら進めましょう。

例えば「細部を美しく仕上げているが、全体の構成にまとまりがない」状況なら、その仕事をした部下は「業務の大局を考えずに、細部から作業を始める癖」があるのかもしれません。

逆に、構成はいいが細部に不整合やミスが目立つなら、「表現力に課題がある」のかもしれません。いろいろな可能性を想像しながら、修正作業を進めましょう。

あなたは「**修正をするプレイヤーではなく、育成をするマネジャー**」です。したがって、不備を直すだけでなく、不備が発生する原因をも考えて、再び発生させないように指導しなければなりません。修正業務は、部下の育成ニーズを知る貴重な機会だと心得てください。

## 修正内容を部下に伝える

どこを修正したかを部下に伝えましょう。「あとは私が修正しておきます」などのように言って仕事を受け取ったはずですから、その結果を伝えるのは当然の作法です。

「ここをこのように修正しましたよ。これで社内展開をするからね」などのように伝えましょう。

# 評価面談準備

部下育成を重要目的としている「戦略的業務指示」では、業務遂行後の評価は必須です。

上司は部下の成果を的確に評価し、部下と「評価面談」を実施する必要があります。

面談の具体的な進行方法は次章でご案内しますが、ここでは評価面談準備についてご案内します。

おかしな言い方に聞こえるかもしれませんが、**評価面談準備は、評価面談以上に重要**です。

ビジネスのあらゆるシーンで適用できる**準備なくして成功なし**という原則がここでも通用します。

あなたの評価面談準備を支援する「業務評価シート（上司用）」をご紹介します（２５４ページ）。

## 1 業務指示内容

ここには、「業務指示書」の仕事内容をそのまま記入してください。

面談日、業務受託者、業務指示者（＝あなた）などの基礎情報も記入しておきましょう。

## 2 成果（上司評価）

評価項目、その評価、コメントの欄を用意しました。

**項目欄**には、業務指示の際に合意している項目をそのまま記入してください。漏れがあったり、合意されていない項目が追加されたりしていたら、部下は不信感を覚えます。

**評価欄**には、客観的な評価を記入します。Ｙｅｓ－Ｎｏや、Ａ－Ｂ－Ｃや、点数など、評価時に定めた基準を使用してください。

**コメント欄**には、当該評価の「根拠となる事実」を記入してください。評価の原則は「客観性」です。特に**Ｎｏ**という評価については、部下が納得する根拠を伝える必要があります。一般的に、ネガティブな評価は受け入れがたいものだからです。

## 3 よくできた点と考察

評価項目の中で、あなたが「特によくできた」と感じたことを記入する欄です。

## 業務評価シート

# 【業務評価シート】

| | | | | | | |
|---|---|---|---|---|---|---|
| 1 | 業務指示内容 | | | | 面談日 | |
| | | | | | 業務受託者 | |
| | | | | | 業務指示者 | |
| 2 | 成果<br>（上司評価） | 1 | 項目 | | 評価 | |
| | | | コメント | | | |
| | | 2 | 項目 | | 評価 | |
| | | | コメント | | | |
| | | 3 | 項目 | | 評価 | |
| | | | コメント | | | |
| | | 4 | 項目 | | 評価 | |
| | | | コメント | | | |
| | | 5 | 項目 | | 評価 | |
| | | | コメント | | | |
| 3 | よくできた点と考察 | | | | | |
| 4 | 問題点と考察 | | | | | |
| 5 | マネジャーの総評<br>①仕事に対する総評<br>②部下にとっての意義<br>③上司にとっての意義<br>④今後への期待 | | | | | |
| 6 | 今後必要な<br>行動変容 | 強み<br>強化 | | | | |
| | | 弱み<br>対処 | | | | |
| 7 | その他の確認事項 | | | | | |
| 8 | 面談MEMO | | | | | |

## 記入例

### 【業務評価シート】（上司用）

| | | | | | | |
|---|---|---|---|---|---|---|
| 1 | 業務指示内容 | | | 全営業員向けの「教育マニュアル（ドラフト）」を作成する<br>• 商談前　商談中　商談後に分類し、各段階での「重要な心構えや行動」を明確にする<br>• それがなぜ重要なのかも明示する<br>• 新入社員でもわかるように、専門用語には解説を入れる | 面談日 | 2024年XX月YY日 |
| | | | | | 業務受託者 | 八代幸雄 |
| | | | | | 業務指示者 | 夏木浩二 |
| 2 | 成果（上司評価） | 1 | 項目 | 期限までに完了したか？（Yes、No） | 評価 | Yes |
| | | | コメント | 期限の2日前に提出された | | |
| | | 2 | 項目 | 成果物は要件を満たしていたか？（Yes、No） | 評価 | No |
| | | | コメント | 新入社員にはわかりづらい表現が散見された | | |
| | | 3 | 項目 | 成果物の質は高かったか？（利用者アンケートでの満足度80点以上） | 評価 | Yes |
| | | | コメント | 10人に調査した結果　平均85点 | | |
| | | 4 | 項目 | 禁止事項を犯さなかったか？（Yes、No） | 評価 | Yes |
| | | | コメント | 問題なし | | |
| | | 5 | 項目 | 中間報告は適切だったか？（Yes、No） | 評価 | No |
| | | | コメント | 完遂に向けての今後のプランが準備できていなかった | | |
| 3 | よくできた点と考察 | | | 提出期限2日前に成果物が提出された<br>…緻密にスケジュール管理をしながら、発生する問題に的確に対応したのではないか？<br>…計画性、問題対応力が強みではないか？<br>利用者アンケートで85点が取れた<br>…利用者のニーズ分析ができていたのではないか？<br>…論理的思考、文章表現力が強みではないか？ | | |
| 4 | 問題点と考察 | | | 新入社員にわかりづらい表現があった<br>…それがわかりづらい表現だとは思わなかったのではないか？<br>…多様性への理解が不足しているのではないか？<br>中間報告時に「完成に向けてのネクストアクション」が準備できていなかった<br>…それが必要だという認識がなかったのではないか？<br>…ケアレスミスをしやすい傾向があるのではないか？ | | |
| 5 | マネジャーの総評<br>①仕事に対する総評<br>②部下にとっての意義<br>③上司にとっての意義<br>④今後への期待 | | | ①改善点は若干あったが、期限内に業務を完了し、ユーザーの高い満足度を得られる資料ができた。全体として期待以上。<br>②困難に対して創意工夫をしながら業務遂行をした経験は、八代さんにとって何よりも貴重な体験であった。<br>③上司として業務遂行を支援しながら、八代さんの新しい可能性を発見できた。<br>④強みを活かしながらさらに大きな仕事に挑戦してほしい。 | | |
| 6 | 今後必要な行動変容 | | 強み強化 | • 強みである「計画性の高さ」をもっと活かすために「やる事リスト」の作成を開始する<br>• 強みである「営業スキル」を強化すべく、上司や他者との同行学習の機会を増やす | | |
| | | | 弱み対処 | • 思い込みや独断で決定せず、他者の意見を意思決定の材料とする<br>• ケアレスミスをなくすためのチェックリストをタスクごとに作成する | | |
| 7 | その他の確認事項 | | | • 仕事を通して人脈が増えたか？（10人増えたか？）<br>• チーム貢献を実感できたか？<br>• どんな学びがあったか？ | | |
| 8 | 面談MEMO | | | | | |

評価面談時に、「素晴らしい」「すごいね」と部下の行動や成果を称賛する内容になります。

ここは、あなたの主観を伝える部分です。観察できた事実のみならず、あなたが考える**達成要因**や、発揮されたであろう**部下の強み**についても考察しておきましょう。

次の「型」に沿って考えると、やりやすいと思います。

- **事実**……このような素晴らしいことがあった。
- **要因考察**……そうなったのは、こういう理由なのではないか？
- **強みの考察**……その背景には、こんな強みがあるのではないか？

ケースの例では、次のように表現しています。

- **事実**……提出期限2日前に概ね完成された成果物が提出された。
- **要因考察**……緻密にスケジュール管理をしながら、発生する問題に的確に対応したのではないか？
- **強みの考察**……計画性、問題対応力が強みではないか？

- **事実**……利用者アンケートで85点が取れた。
- **要因考察**……利用者のニーズ分析ができていたのではないか？
- **強みの考察**……論理的思考、文章表現力が強みではないか？

## 4 問題点と考察

評価項目の中であなたが「問題だ」と感じたことを記入する欄です。

評価面談時に、「ここはよくなかったね」と注意を促す部分になります。前項「よくできた点」と同じように、観察できた事実だけでなく、その**発生要因**や、その背景にある**弱み**についてのあなたの考察を記入しておきましょう。

次の「型」で作成しましょう。

- **事実**……このような残念なことがあった。
- **要因考察**……そうなったのは、こういう理由なのではないか？
- **弱みの考察**……その背景には、こんな弱みがあるのではないか？

ケースの例では、次のように表現しています。

- **事実**……新入社員にわかりづらい表現があった。
- **要因考察**……それがわかりづらい表現だとは思わなかったのではないか？
- **弱みの考察**……多様性への理解が不足しているのではないか？

- **事実**……中間報告時に「完成に向けてのネクストアクション」が準備できていなかった。
- **要因考察**……それが必要だという認識がなかったのではないか？
- **弱みの考察**……ケアレスミスをしやすい傾向があるのではないか？

## 5 マネジャーの総評

この欄には、今回の業務遂行に関するあなたの総評を記入します。

総評とは、「よい点や改善が必要な点を観察し、最終的にどのように評価するか」を簡潔にまとめたものです。部下にとって、最も興味のある部分であるため、慎重な言葉選びが必要です。

否定的な総評は部下のモチベーションを損なうリスクがある一方で、ポジティブな総評はやる気を引き出す効果があります。そのため、特別な意図がない限り、肯定的なトーンを心がけましょう。

ただし、ここで言う「肯定的」とは、部下を無条件で褒めるという意味ではありません。改善点を指摘する場合でも、否定的なニュアンスを避け、建設的で前向きな言葉を選ぶことを指します。

効果的な総評を作成するポイントとして、最後に期待感を示すことが挙げられます。例えば、「改善の余地はあるが、あなたには大いに期待している」というメッセージを伝えることで、部下の前向きな姿勢を引き出すことができます。

総評の締めくくりに「期待」を込めることは、部下にとって成長へのエールとなり、今後の意欲向上にもつながります。

次の「型」を使用すると肯定的な総評を作りやすいので、参考にしてください。

**①仕事に対する総評**
**②部下にとっての意義**
**③上司にとっての意義**
**④今後への期待**

ケーススタディーの例では、次のように表現しています。

**①仕事に対する総評**

改善点は若干あったが、期限内に業務を完了し、ユーザーの高い満足度を得られる資料ができた。
全体として期待以上。

**②部下にとっての意義**

困難に対して創意工夫をしながら業務を遂行した経験は、八代さんにとって何より貴重な体験だった。

**③上司にとっての意義**

上司として業務遂行を支援しながら、八代さんの新しい可能性を発見できた。

**④今後への期待**

強みを活かしながら、さらに大きな仕事に挑戦してほしい。

部下の成長と意欲を支援するために、前向きな姿勢と具体的な期待を込めた総評を作成しましょう。なお、ここで記入する内容は、**準備時点での「仮の総評」**です。本当の意味での総評は「評価面談」を通してわかったことを踏まえて、面談の最後に実施することとなります。

## 6 今後必要な行動変容

この欄には、さらなる成長のために必要な行動変容を記載します。行動変容は、上司が指示した場合よりも、自ら決めた場合のほうが、高いモチベーションを伴って実行される傾向があります。そのため、評価面談においては、自らに必要な行動変容を部下自身が見いだせるよう、促すことが重要です。

ただし、部下によっては、自発的な気づきを引き出すのが難しい場合もあります。そうした場合に備え、「あなたが部下に期待する具体的な行動変容」を整理しておきましょう。この準備があれば、部下の気づきを促すことができます。

業務評価シートには、「強み強化」と「弱み改善」の2つの欄があります。それぞれの欄に、部下に期待する行動変容案を具体的に記入してください。

ケースの例では、次のようにしています。

**強み強化**

- **強みである「計画性の高さ」をもっと活かすために「やることリスト」の作成を開始する**
- **強みである「営業スキル」を強化すべく、上司や他者との同行学習の機会を増やす**

**弱み改善**

- **思い込みや独断で決定せず、他者の意見を意思決定の材料とする**
- **ケアレスミスをなくすためのチェックリストをタスクごとに作成する**

もちろん、これらを**部下に強要してはいけません**。

あくまでも、評価面談時に部下から答えが出なかったときの「アドバイス」、または「示唆質問」の参考として準備しておきましょう。

## 7 その他の確認事項

その他、評価面談で討議したいこと、伝えたいことなど自由に記入する欄です。

業務指示の際に伝えた「業務遂行を通して期待していること」に関連した確認ができれば、効果的です。


ケースの例では、次のように記入しています。

- **仕事を通して人脈が増えたか？（10人増えたか？）**
- **チーム貢献を実感できたか？**
- **どんな学びがあったか？**

以上が、「上司用」の業務評価シートの記入方法です。

評価面談を効果的に運営するために有効な資料になるはずですので、しっかりと準備しましょう。

なお、この書類の内容は繊細な個人情報が多く含まれます。管理には十分気をつけてください。

また、業務指示書と違い、コピーを部下に配布するものではありません。あくまでも、あなた専用の参考資料です。

部下には、次項で紹介する「自己評価シート」の作成を求めます。

## 部下側の面談準備

評価面談に際しては「部下側の面談準備」も重要です。264ページの「自己評価シート」に記入して面談に臨むよう、指示してください。

上司の「業務評価シート」とほぼ同様です。

「1. 業務指示内容」、「2. 成果（自己評価）」の評価項目欄は、あらかじめ記入ずみのものを部下に提供してください。

部下には、グレーの部分（実際は白地）に記入するよう指示してください。「⑥今後必要な行動変容」、「⑦MEMO」の欄は事前の記入は不用です。

以上の準備が整ったら、いよいよ「評価面談」を実施しましょう。

## 部下用【自己評価シート】

◆太枠内は上司があらかじめ入力しておく部分
◆グレー部分は、部下が面談前に記入する部分

### 【自己評価シート】

評価面談討議用／提出不要　※欄に記入してください

| | | | | |
|---|---|---|---|---|
| 1 | 業務指示内容 | 全営業員向けの「教育マニュアル（ドラフト）」を作成する<br>• ①商談前　②商談中　③商談後に分類し各段階での「重要な心構えや行動」を明確にする<br>• それがなぜ重要なのかも明示する<br>• 新入社員でもわかるように、専門用語には解説を入れる | 面談日 | 2024年XX月YY日 |
| | | | 業務受託者 | 八代幸雄 |
| | | | 業務指示者 | 夏木浩二 |

| | | | | | | |
|---|---|---|---|---|---|---|
| 2 | 成果（自己評価） | #1 | 項目 | 期限までに完了したか？　(Yes、No) | 評価 | |
| | | | コメント | | | |
| | | #2 | 項目 | 成果物は要件を満たしていたか？　(Yes、No) | 評価 | |
| | | | コメント | | | |
| | | #3 | 項目 | 成果物の質は高かったか？（利用者アンケートでの満足度80点以上） | 評価 | |
| | | | コメント | | | |
| | | #4 | 項目 | 禁止事項を犯さなかったか？　(Yes、No) | 評価 | |
| | | | コメント | | | |
| | | #5 | 項目 | 中間報告は適切だったか？　(Yes、No) | 評価 | |
| | | | コメント | | | |
| 3 | よくできた点 | | | | | |
| 4 | 問題点 | | | | | |
| 5 | 総評 | | | | | |

| | | | |
|---|---|---|---|
| 6 | 今後必要な行動変容 | 強み強化 | 事前記入不要（面談時記入） |
| | | 弱み対処 | |
| 7 | MEMO | | |

コラム

# 部下を信頼し、信用を勝ち取る

リーダーには、大きく分けて、以下の3つのタイプが存在します。

- **自然発生的なリーダー**
- **選挙で選ばれたリーダー**
- **任命されたリーダー**

本来のリーダーとは、最初に挙げた「自然発生的なリーダー」を指します。

これは、正式な選挙や任命といった手続きを経ることなく、周囲の人々に自然と認められ、信頼される存在です。

このようなリーダーは、組織やグループの中で自発的に信頼関係を築き、フォロワーからの強い支持を受けています。

一方、企業の管理職は、組織の決定によってリーダーとなった立場です。

つまり、管理職のリーダーとしての地位は部下による選択の結果ではなく、会社の決定によって与えられたものです。

企業によっては、リーダーを社員投票などの形式で選出する場合もありますが、それは例外的なケースでしょう。

そのため、多くの場合、部下との信頼関係が最初から確立されているわけではありません。

これは非常に重要なポイントであり、マネジャーとして最初に取り組むべき課題は、部下との信頼関係の構築だということを示唆しています。

部下との信頼関係構築のために特に意識すべきポイントは2つあります。

## ①まず部下を信頼する

「人は、自分を信頼してくれない人を決して信頼しない」という原則があります。

信頼関係は一方的に生まれるものではなく、相互の関係性の中で築かれていくものです。

そのため、まずあなた自身が部下を信頼する姿勢を示すことが必要です。

例えば、業務の進め方を細かく管理しすぎたり、部下の判断を信用せずに過度なチェックを行なったり、簡単な仕事しか任せなかったりすると、部下は「自分は信頼されていない」と感じます。

これでは、部下のモチベーションが下がるだけでなく、主体性や責任感を持つ機会も失われてしまいます。

一方で、適切な権限を委譲し、部下の意見や判断を尊重することで、「自分は信頼されている」

という実感を持たせることができます。

そうすることで、部下もまた、上司であるあなたを信頼するようになり、よりよい関係が築かれていくのです。

## ②部下からの信用を得る

信頼と並んで重要なのが、「信用」を得ることです。信頼は感情的な側面が強いのに対し、信用は具体的な行動の積み重ねによって築かれます。

部下から信用を得るためには、次のような行動が効果的です。

- **小さな約束を守る**……些細な約束であっても、一貫して守ることで、誠実さを示すことができる。
- **部下の期待に応える**……部下が求めているサポートや情報提供を適切に行なうことで、頼れる存在として認識される。
- **誠実なフィードバックを行なう**……成果に対して正当に評価し、改善すべき点があれば適切にフィードバックを行なうことで、成長をサポートできる。
- **公正な態度を持つ**……えこひいきや不公平な扱いをしないことは、信用を得る上で極めて重要である。

信用を築くためには、これらの行動を一貫して実践することが不可欠です。短期間で得られるものではなく、日々の積み重ねが大切になります。

信頼と信用を得ることは、一朝一夕で達成できるものではありません。

しかし、日々の積み重ねが、強固なチームを作り、最終的には企業の成長にもつながっていきます。

部下とのコミュニケーションを楽しみながら、信頼関係を築いていくことが、優れたマネジャーへの第一歩となるのです。

# 第8章

# 評価面談で育成する

戦略的業務指示フェーズ

仕分けステージ

業務指示ステージ

▼

部下育成フェーズ

支援ステージ

評価ステージ

成果確認から評価面談までの流れ

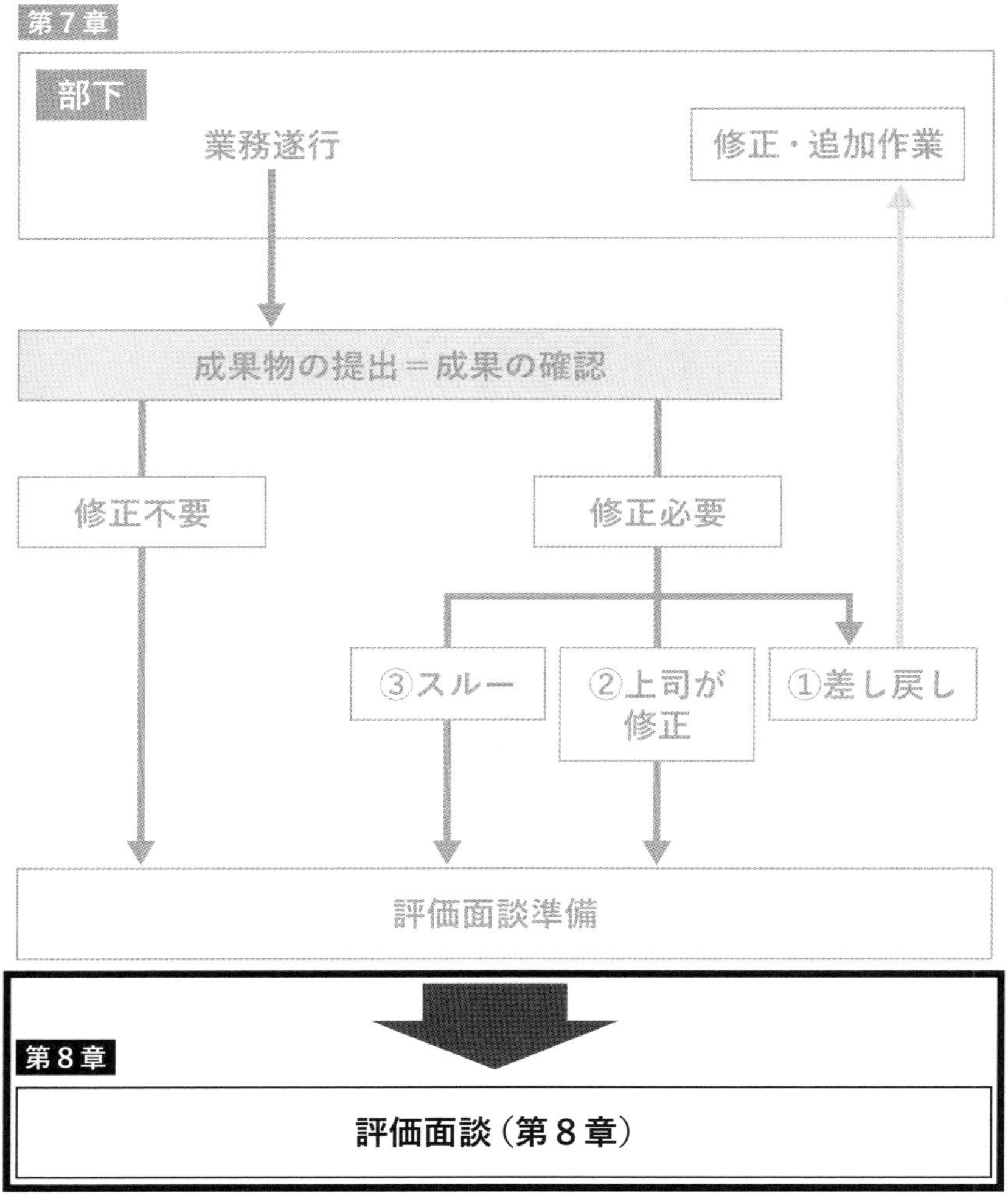

# 評価面談

いよいよ最終章、「評価面談で育成する」の場面となります。最終章ということは、最も重要ということです。丁寧な運営を心がけましょう。

上司と部下の面談において、場づくりは必須です。

基本的には第5章でお伝えした内容に準じて構いませんが、セッティングに関して若干追加項目があります。

## 面談会場のセッティング

個室、もしくは他者に対話が聞こえない場所を確保してください。また、ホワイトボード、なければA3サイズの紙を準備してください。

座席は、174ページの図のように正対位置としてください。第5章でご案内した通り、この座り方は「敵対関係」なのですが、今回は毅然とした評価を伝える場面もありますので「上司の権威」を少しだけ印象づけましょう。評価面談は、次の13のステップで構成されます。

## 評価面談の手順

| ステップ | 内容 | 手順 | 所要時間(分) | 意味合い |
|---|---|---|---|---|
| 1 | アイスブレイク | | 5 | セットアップ |
| 2 | 面談オープニング | ①面談の目的の案内<br>②終了予定時刻の案内<br>③事前準備の確認 | 2 | |
| 3 | 部下からの感想聴取 | | 5 | |
| 4 | 成果確認 | ①客観的事実ベース<br>②淡々と毅然と<br>③全項目を伝えるまで部下に質問しない<br>④事実誤認がないかを確認する | 5 | フィードバック |
| 5 | マネジャーの評価 よくできた点 | ①一番よい点を伝える<br>②よいと感じた理由を伝える<br>③よかった点について討議する<br>④強みをホワイトボードに書く | 10 | |
| 6 | マネジャーの評価 改善点 | ①改善が必要な点を伝える<br>②改善が必要な理由を伝える<br>③発生要因について討議する<br>④発生要因をともに考える(質問と傾聴)<br>⑤次はどうするかを考える<br>⑥弱みを明確化する(ホワイトボードに書く) | 8 | |
| 7 | マネジャーの総評 | ①仕事に対する総評<br>②部下にとっての意義<br>③上司にとっての意義<br>④今後への期待 | 2 | |
| 8 | 今後の行動変容　(1)強み強化 | | 10 | コーチング |
| 9 | 今後の行動変容　(2)弱みへ対処 | | 5 | |
| 10 | 学びの確認 | | 3 | 信頼関係づくり |
| 11 | その他の確認 | | — | |
| 12 | 面談の感想を聞く | | 4 | |
| 13 | 面談のクロージング | | 1 | |
| | | | 計60 | |

## ステップ①アイスブレイク

第4章でも述べた通り、部下の緊張をほぐす「アイスブレイク」は非常に重要なステップです（157ページ）。

特に今回の面談は「評価面談」なので、部下は「どのように評価されるのだろうか」「何か注意されるのではないか」といった、不安感や緊張感とともに臨んでいる可能性があります。

こうした心理状態を放置すると、面談は効果的に進行しません。部下が聞く態勢になっていないからです。したがって、まずは適切なアイスブレイクを行ない、部下をリラックスさせることが重要です。

アイスブレイクの基本は「質問を投げかけて部下に話させる」ことでしたね。上司が一方的に話すよりも、部下が自由に話すほうが、効果的に緊張を解きほぐすことができるからです。部下が話しやすい話題を選び、その答えをしっかり傾聴しましょう。

部下の表情や態度から緊張が解けたことが感じ取れたら、スムーズに本題へ移りましょう。

## ステップ②面談オープニング

アイスブレイクに成功したら、「本題」に入ります。

ここで伝えることは、面談の目的案内、終了予定時刻案内、事前準備の確認です。

### 面談の目的の案内

面談の目的は必ず伝えましょう。評価面談の目的は、概ね次のようなものです。

- **業務成果を振り返り、「できたこと・できなかったことは何か」「今後どうするべきか」を討議する**
- **業務遂行を通して、どんな学びがあったかを確認する**
- **そのほかの意見交換**

あなたが準備した「業務評価シート」も、部下に準備させた「自己評価シート」もこれらの目標に連動した内容になっています。

### 終了予定時刻の確認

部下に、避けられない予定が急遽入っているかもしれません。面談を予定通り進めるためにも、事前に確認しておきましょう。

例：「今日は予定通り、今から1時間、午後4時までを予定しています。大丈夫ですね？」

**事前準備の確認**

部下の「自己評価シート」を手元に準備してもらいましょう。

例：「自己評価シート」の作成はすんでいますね？　手元に準備してください。

## ステップ③部下からの感想聴取

細かい内容に入る前に、部下に今回の業務遂行に関する感想を聞きましょう。恐らく、自己評価シート「⑤総評」の欄に記載した内容を中心に話すはずです。

例：では最初に、今回の業務遂行に関する感想を聞かせてもらえますか？
　自己評価シートの「総評」に記載している内容を中心に、聞かせてください。

このように、最初に部下の自己評価を確認する理由は、次の2つです。

**部下の率直な自己評価を引き出せる**

先に上司が少しでも評価めいたことを伝えてしまうと、部下は**上司評価の範囲内での意見**しか言わなくなる傾向があります。

例えば、あなたが冒頭で「今回の業務成果は、**さまざまな改善点が目立った結果に終わりましたが**、まずはあなたから全体の感想を聞かせてください」などと言ってしまうと、部下は「上手にできた点」については言いにくくなるのです。

あなたの評価を一切伝えずに、部下のコメントを聞くようにしましょう。そうすれば、率直な自己評価を引き出せます。

### 直後の上司フィードバックの参考になる

部下の率直な自己評価が、**あなたの評価と一致しているか、いないか**をあらかじめ知っておけば、どの点を強調してフィードバックすべきかを知ることができます。

あなたの評価よりも部下の自己評価が低い場合は、あなたが発見した部下のよい行動や成果を、このあとのステップ⑤「マネジャーの評価――よくできた点」で強調すべきです。

反対に、あなたの評価よりも部下の自己評価が高い場合は、部下が気づいていない問題点を、このあとのステップ⑥「マネジャーの評価――改善点」で的確に指摘する必要があります。

## ステップ④成果確認

このステップから、個別の評価項目に沿って成果を振り返っていきます。

「業務評価シート」の「②成果（上司評価）」に沿って進めましょう。

次のようなセリフから、スタートしましょう。

例：感想を聞かせてくれてありがとうございました。いろいろと努力されましたね。ご苦労さまでした。

では、今回の業務成果について私の評価をお伝えします。

## ◎進め方のポイント

### 客観的な事実ベースで進める

あなたの準備した業務評価シートの「コメント」欄には、評価の根拠となる事実が記載されているはずです。それを伝えましょう。この段階では、余分なコメントは不要です。

### 淡々と、毅然と進める

このパートでは「親身な上司」というよりも、「冷静な審査員」のようなスタンスが必要です。部下の顔色を見ながら進めるのではなく、淡々と毅然と進めてください。

かといって、厳しい顔つきや怖い顔つきはよくありません。微笑み程度は示しましょう。

### 全項目を伝え終わるまで部下に質問をしない

「冷静な審査員」として、最後まで審査結果を言いきってください。

業務評価シート（255ページより）

| | | | | | | |
|---|---|---|---|---|---|---|
| 2 | 成果（上司評価） | 1 | 項目 | 期限までに完了したか？　(Yes、No) | 評価 | Yes |
| | | | コメント | 期限の2日前に提出された | | |
| | | 2 | 項目 | 成果物は要件を満たしていたか？　(Yes、No) | 評価 | No |
| | | | コメント | 新入社員にはわかりづらい表現が散見された | | |
| | | 3 | 項目 | 成果物の質は高かったか？（利用者アンケートでの満足度80点以上） | 評価 | Yes |
| | | | コメント | 10人に調査した結果　平均85点 | | |
| | | 4 | 項目 | 禁止事項を犯さなかったか？　(Yes、No) | 評価 | Yes |
| | | | コメント | 問題なし | | |
| | | 5 | 項目 | 中間報告は適切だったか？　(Yes、No) | 評価 | No |
| | | | コメント | 完遂に向けての今後のプランが準備できていなかった | | |

途中で「どう思いますか？」「間違いないですか？」のように部下に質問したり、意見を求めたりしてはいけません。流れが途切れるからです。部下に質問させてもいけません。

**全項目を伝えたら「事実誤認」がないかどうかを部下に聞く**

全項目（この例では5つ）を伝え終えたら、次のように伝えましょう。

例：以上が、今回の業務の評価基準に即した私の評価です。

私が話した評価理由や根拠において、事実と違う点があれば遠慮なく教えてください。

ここで確認するのは**「事実誤認」**の有無です。

右の質問をしたあと部下から、**「新入社員にわかりにくい表現というのはどの部分でしょうか？」**というような「事実に対する確認質問」があった場合は、明確に回答しましょう。

しかし、**「新入社員でも、これくらいはわかるべきだと思いますが……」**のような「意見」は受け付ける必要はありません。このステップでのテーマではないからです。このような「意見」に対しては、次のように軌道修正をして進めましょう。

例：「その点については、大事なポイントかもしれませんね。あとで討議しましょう。今は、私の提示した事実に間違いがないかどうかを教えてください」

## ステップ⑤マネジャーの評価――よくできた点

「業務評価シート」の流れの通り、「よくできた点」から伝えます。問題点から始めると「自己防衛心」が働いて、この面談に対して部下が心を閉ざしてしまうリスクがあるからです。

ステップ④からの流れで、次のように展開していきましょう。

例：では、私の事実誤認や勘違いがなかったことがわかりましたので、今伝えた評価について、私の感じたことを順に話していきます。まず「よくできた点」から話しますね。

なお、この部分は「冷静な審査員」から「親身な上司」に戻って進めましょう。部下のよくできた点を話すのですから、親身にそれを喜ぶ上司の表情は、当然「笑顔」のはずです。

## ◎進め方のポイント

**一番いいと思ったことを伝える（事実ベース）**

「業務評価シート」に記入した「よくできた点」のうち、一番いいと思ったことを伝えます。観察された事実ベースで伝えましょう。

例：まず、一番よくできたと思った点は、成果物が提出期限2日前に提出されたという点です。

**よいと感じた理由を伝える（主観）**

ほかにもあるであろう「よい点」のうち、「なぜ、それを一番素晴らしいと思ったのか」を伝えます。ここは事実ベースではなく、あなたの主観を伝える部分ですから**感情を込めて**伝えるべきです。

例：今回の業務は難度が高かったので、提出は期限ギリギリになるだろうと思っていました。しかし、実際には期限の2日前に提出されました。これには正直驚きました。

**よかった点について討議する　＝重要！＝**

上司に褒められて、部下はとても気分がいいはずです。自分の努力を認められたのですから、当然です。すでに部下は、「また次も頑張ろう」とモチベーションを上げているかもしれません。

しかし、部下育成の観点から考えると**「部下にそのよい行動をもっと強化させる」**ことが重要です。そのためには、次のように質問してください。

例：なぜ、あんなに早く完成できたのですか？

この質問をきっかけに、部下に「なぜ早く提出できたのか？」について、気持ちよく語ってもらうのです。例えば、次のような対話は非常にいい進め方です。

**夏木マネジャー：なぜ、あんなに早く完成できたのですか？**

**八代さん：**実は、5人の営業員の協力をもらえずに3日間を浪費した時点で「普通にやっていたら、期限までに提出できない可能性がある」ことに気づきました。進め方を相当工夫しなければいけないな、と。

**夏木マネジャー：**それは興味深いですね。一体どんな工夫をしたのですか？

**八代さん：**初めに、作成すべきマニュアルの全体像をイメージし、それぞれのパートに何を記載するべきか、そのためにどれくらいの作業時間が必要かを算出し、その時間内に必ず終わらせる、という方法に変えたのです。その結果、効率的に業務が進行し、結果的に予定より早く完成させることができたのです。

**夏木マネジャー：**なるほど！　設計図を作ってから、個別の業務に没頭したということですね。いい作戦でしたね。

**八代さん**：はい。自分でも、すごくいい方法だったと思っています。
**夏木マネジャー**：すごい、すごい。その方法はまさしく「プロジェクトマネジメント」の手法ですが、プロマネに詳しいのですか？
**八代さん**：いいえ、全く知りません（笑）。
**夏木マネジャー**：そうですか（笑）。知らないうちにプロマネを実践していたとは、逆にすごいですね。ところで、そういった行動の背景には、八代さんのどんな強みが発揮できたのだと思いますか？
**八代さん**：そうですね。強みと言っていいかわかりませんが、「絶対に完成させなければいけない」という気持ちは強かったですね。
**夏木マネジャー**：「絶対に完成させる」ために、八代さんが最初にしたことはなんでしたっけ？
**八代さん**：全体を俯瞰して、計画を立てました。
**夏木マネジャー**：「計画を立てた」……うん、まさにそれですよね。「計画性」が八代さんの強みですね。
**八代さん**：そうなりますかね。

---

いかがでしょうか？　この対話は「期限の2日前に提出した」という、たった一つのよい行動を

非常に丁寧に深掘りしています。この対話の間、部下はずっといい気分でいることでしょう。自分の工夫や努力を聞いてもらい、承認されているのですから。最後の「そうなりますかね」と言っている部下のうれしそうな顔が目に浮かぶようではありませんか？

実はこの対話には、上司の2つの**「魔法」**がかかっています。

## 「コミットメントと一貫性」の魔法

人間には、「自分の口から話したことと実際の自分を一致させたい」という心理（コミットメントと一貫性）があります。部下が「私はこんなことをしました」ということを自ら話すことで、「これからもそういうことをする自分でありたい」という心理が働くのです。

## 「ラベリング」の魔法

上司の最後の言葉、「『計画性』はあなたの強みですね」は、ラベリングの魔法の言葉です。

人は誰かに「あなたは～ですね」と「ラベル」を貼られると、それに沿った行動をする傾向があります。

したがって、それを利用して「なってほしい姿のラベルを貼る」というのがラベリングです。「『計画性』はあなたの強みですね」と言われると、相手の期待を裏切らないように「計画性」を**大事にしてしまう**わけです（今回の例のように、褒める文脈で言われればなおさらです）。

2つとも、ちょっとずるい「魔法」かもしれませんが「人の動かし方」の効果的手法です。部下育成を主業務とする上司なら使うべき魔法です。

## 発見できた部下の強みを伝える

部下がより大きな貢献を果たすためには、自分自身の「強み」を正しく自覚していることが不可欠です。自覚が伴わなければ、その強みは「なんとなく発揮されている」状態にとどまり、意図的に「育てる」ことができないからです。強みを最大限に活かすためには、自覚的に活用し、さらに磨いていくことが必要です。

しかし、実際には多くの人が自分の「強み」を明確に理解しておらず、結果として十分に発揮できていません。あなたの部下も、例外ではないはずです。

だからこそ、評価面談の場を活用して、部下自身が気づいていない「強み」を伝えることが重要です。これにより、部下が持つ「強みの在庫」を増やし、彼らの成長を後押しすることができます。

評価面談は「強みをプレゼントする場」でもあります。

あなたが準備した「業務評価シート」には、あなたが気づいた「部下の強み」が複数記載されているはずです。それらをすべて部下に伝えて、しっかりと自覚させましょう。

今回の例では、左の図の通り準備していました。

**業務評価シート（255 ページより）**

| | | |
|---|---|---|
| 3 | よくできた点と考察 | ●提出期限２日前に成果物が提出された<br>…緻密にスケジュールを管理しながら、発生する問題に的確に対応したのではないか？<br>…計画性、問題対応力が強みではないか？<br>●利用者アンケートで85点が取れた<br>…利用者のニーズ分析ができていたのではないか？<br>…論理的思考、文章表現力が強みではないか？ |

ここで考えた「問題対応力」「論理的思考」「文章表現力」についても、部下の強みとしてプレゼントしましょう。

## 強みをホワイトボードに書く

ここでホワイトボードを使用します。対話を通して明確になった部下の強みを、ホワイトボードに書き出しましょう。ホワイトボードがなければ、Ａ３の紙に記入していく形でも構いません。次のように進めてみましょう。

例：こうしてみると、今回の業務成果の裏には、非常にたくさんの八代さんの強みが働いていたことがわかりますね。ここまでの話でわかった、八代さんの強みをここに書き出してみましょう。

ちょっと、こっちに回ってきてください。

こう言いながらホワイトボードの近くまで移動

### ホワイトボードに「部下の強み」を挙げる

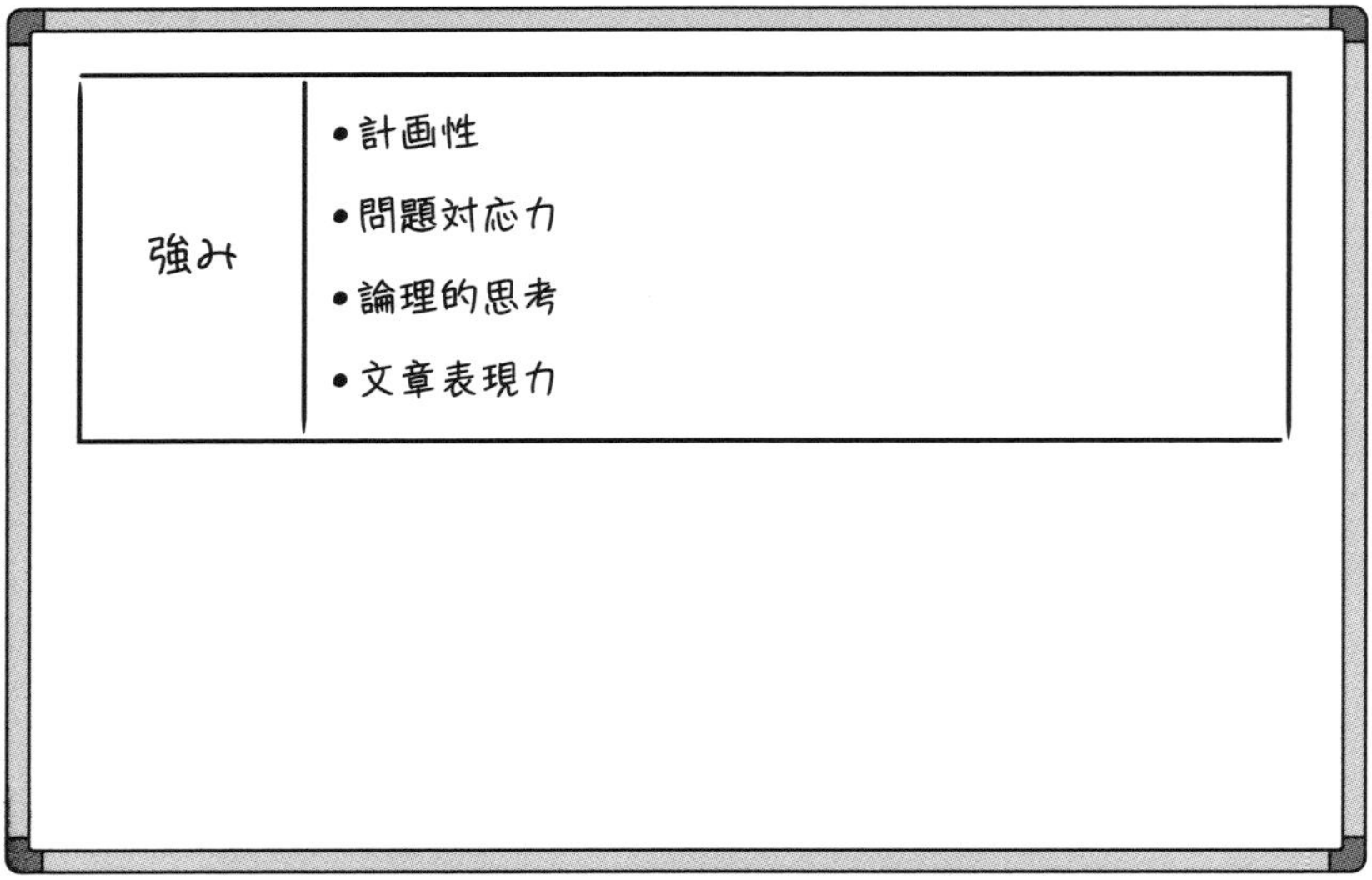


してもらいましょう。このように、近くで話をしたほうが、心理的な距離感が縮まって効果的です。

上の図のように記入し、部下にこう聞いてください。

**例：これが八代さんの強み、すなわち八代さんの武器です。どんな感じがしますか？**

「意外だ」とか、「いかにも、これこそ私です」とか、さまざまな意見があると思います。どんな意見があっても構いません。

「そうか。これが私の強みなんだな」と部下の心に焼き付けてもらう時間です。**自己認識のための重要な時間**です。

あなた自身は、「この部下には強みがいっぱいあるな〜」という気持ちでこのひと時を過ごし、次のように締めくくりましょう。

例：こういう素晴らしい強みを、もっと意識的に使っていったら、今以上の成果を、もっと容易に上げられるかもしれませんね。

## ステップ⑥マネジャーの評価――改善点

次に、あなたが判断した「改善点」を伝えましょう。

例：では次は、問題があるなと感じた点についてです。まず、一番気になったことは……。

ここからは「部下の成果をとても喜んでいる上司」ではなく、**「部下を心配している親身な上司」**として話を進めましょう。「残念だ」「がっかりだ」「失望した」ではなく、「大丈夫かな」「何かあったのかな」という心情が適切です。

問題点を指摘するからといって、急に審査員モードに戻って、部下を非難してはいけません。

### ◎進め方のポイント

**改善点を伝える（事実ベース）**

**「問題だと思った点」**を事実ベースで伝えます。

「よくできた点」は、褒められているわけなので、その根拠が多少曖昧でも、部下は基本的には受け入れます。しかし「問題点」は、具体的事例や根拠がないと、部下にとっては受け入れにくいものです。そのため、事実ベースで伝えることはとても重要です。

例：今回は「新入社員でもわかるように、専門用語には解説を入れる」という合意があったはずですが、一部、解説のないものがありました。「事前準備パート」の部分です。

**問題だと考えた理由を伝える（主観ベース）**

次に、**「なぜそれを問題だと考えるのか」**を伝えましょう。

あなたの主観を語るパートですが、叱責するのではなく「親身な上司モード」を維持しましょう。

例：資料を作成するときは、すべてのユーザーにとってわかりやすく作成すべきです。内容が理解できないユーザーにとっては、その資料は存在しないのと同じことですからね。しかもこの点は、業務指示書にも明記されていた重要な点でした。

よって、これが実現していなかった点は、最も重要な問題点だと考えています。

ちなみに「考えます」と「思います」は、いずれも思考に関する動詞ですが、「思う」は情緒的・一時的な思考、「考える」は論理的・継続的な思考というニュアンスです。

したがって「相手にしっかりと受け止めてほしいとき」は、「考えます」を使ったほうが効果的です。適切に使い分けましょう。

## 発生要因について質問する

あなたが感じた問題点を部下に伝えたあとは、**「なぜその問題が発生したのか」**を一緒に考え、再発を防ぐための取り組みを進める必要があります。

しかし、この段階で「なぜできなかったのですか?」と直球で理由を尋ねると、部下は責められていると感じることがあります。その結果、ステップ⑤で開かせた部下の心を再び閉ざしてしまう恐れがあります。

このような状況を避けるために効果的なのが、「親身な感想を差し挟んでから質問する」アプローチです。次のように進めてみましょう。

**親身な感想の例**

- **「説明が丁寧な八代さんの作品としては少し意外な感じでしたが、**なぜだったのでしょうか?」
- **「知識豊富な八代さんだからこその見落としかと想像しますが、**なぜだったのでしょうか?」

このように「親身な感想」を差し挟むことによって、「部下に対する一定の信頼」を伝えられます。「あなたのことを信頼していますよ。そんなあなたのミスだから、きっと何か理由があったのですよね」という気持ちが伝わるのです。その結果、部下は自己防衛に走らず、心を開いたまま、正直な理由に話してくれるはずです。

よく覚えておいてください。一般的に部下は、上司から失敗の理由を問われた際**「最も怒られにくい理由を話そう」**とするものです。それらの多くは**討議する意味が薄い**ものです。

「親身な感想」を差し挟んで質問し、討議する意味のある正直な意見を引き出しましょう。

**問題の発生した原因をともに考える（質問と傾聴）**

部下に質問を投げかけると、「問題の発生要因」について話し始めるでしょう。

例えば、**「ついうっかりして、業務指示に忠実に作業を進めることを怠ってしまいました」**などと、率直に反省の言葉を述べるかもしれません。

ただし、ここで注意すべきことは、それが本当に「真の原因」であるかどうかは、まだわからないということです。したがって重要なのは、**対話を深めながら「真の原因」を特定する**ことです。

そのためには、適切な質問と傾聴が欠かせません。部下にたくさん話をしてもらうことで、原因の本質に近づくことができるのです。

この場合、第5章でご紹介した「チャンクダウン質問」が非常に効果的です。

次の対話を参考にしてください。

《チャンクダウン質問での掘り下げ》

**夏木マネジャー**：その問題に気づいたのはいつ頃ですか？

**八代さん**：資料提出の1週間前です。

**夏木マネジャー**：問題に気づいていたのに対応しなかったのは、なぜでしょうか？

**八代さん**：資料の厳格さを強調するため、多少難しい表記があってもいいと考えたからです。

**夏木マネジャー**：なるほど。では、この場合の「資料の厳格さ」とは具体的に何を意味しますか？

**八代さん**：緻密で学問的な要素があると、プロフェッショナルで厳格な印象を与えられると思います。

**夏木マネジャー**：その厳格さを優先することで、得られるものを教えてください。

**八代さん**：得られるものは「資料の重要性が強調される」点です。

**夏木マネジャー**：では、失うものはなんでしょうか？

**八代さん**：新入社員にとっての「わかりやすさ」や「利便性」が失われるかもしれません。

**夏木マネジャー**：「わかりやすさや利便性」よりも「厳格さ」を優先したのは、なぜですか？

**八代さん**：今思うと、新入社員よりも中核社員に評価されたい気持ちが強かったからかもしれません。

**夏木マネジャー**：なぜ、中核社員からの評価をより重要視したのでしょうか？

**八代さん**：「営業をよくわかっている人たち」に褒められるほうがうれしいからです。

**夏木マネジャー**：そのような意思決定の背景には、あなたのどんな価値観や信念があったと思いますか？

**八代さん**：振り返ると、「自己主張をしたい」という気持ちが強かったように感じます。

**夏木マネジャー**：自己主張自体は悪いことではありませんが、それが強く表れたということでしょうか？

**八代さん**：はい、そういう部分が確かにありました。

**夏木マネジャー**：つまり、意思決定の背景に「中核社員に認められたい」という強めの自己主張が存在していた、ということですね。

---

このような対話を通じて、「専門用語を解説なしで使用していた真の理由」は、「中核社員に認めてもらいたい」という自己主張が働いていたためだと明らかになりました。

これこそが「真の原因」です。

もし、このような「掘り下げ」を行なわなければ、部下の「つい、うっかりしました」という表面的な回答に対して「今後はケアレスミスをしないようにしましょう」という浅い解決策で終わってしまう危険性があります。それでは、再発防止策として不十分です。

対話を深めて「真の原因」を特定しましょう。

## 弱みを明確化する

いい行動が「強み」によって引き起こされることが多いように、問題のある行動はその裏に「弱み」が隠れていることが少なくありません。問題のある行動に、部下のどんな「弱み」が関係しているのかを考えることが重要です。

ここで、「弱み」を**部下に伝えることの意義**を確認しておきましょう。「弱み」は「強み」と違って「プレゼント」にはなりえません。もらってもうれしくはないからです。

ではなぜ伝えるのかといえば、それによって**相手のリスクマネジメントに役立つから**です。つまり、健康診断における「要観察」であり「要再検査」のお知らせのようなものです。そんなお知らせはもらいたくありませんが、今もらわなかったらもっと悪い結果を招くかもしれません。

ただし、弱みは強みと違い、たくさん「自覚」していると「自己効力感」が低下し、やる気の減退にもつながりかねません。したがって「弱み」がたくさんある場合は、優先順位をつけて伝えるか、それぞれに共通する根源的な弱みを特定して伝えるかなどの対処が必要です（この部分は健康診断と違う考え方です）。

なお、上司からの弱みの提示は部下にとっては「ダメ出し」と受け止める場合が少なくありません。したがって「弱み」は、上司から提示するのではなく、**極力部下に考えてもらいましょう**。上司はそれを引き出すお手伝いをします（まさにコーチングです）。

強みと同ようにホワイトボードやA３用紙を使いながら、次のように進めましょう。

---

**夏木マネジャー**：今回の業務を通して「**強すぎる自己主張**」という弱みが発見できました。いったんホワイトボードに書いてみますね。ほかにはありますか？

**八代さん**：「**過度な成果主義**」が弱みだと言われたことがあります。

**夏木マネジャー**：なるほど、それも一応書きましょう。ほかにありますか？

**八代さん**：「**独断傾向、弱者軽視**」などもありますかね。

**夏木マネジャー**：随分いっぱい出ましたね（笑）。一応書きますよ。これらを眺めていると、何か共通する根源的な弱みがあるようにも思いますが、自身ではどう思いますか？

**八代さん**：やはり「**自己中心的**」なのでしょうか。

**夏木マネジャー**：一応それも書いておきますが、「独断傾向」と同じような意味ですよね。もっと

## ホワイトボードに「部下の弱み」も挙げる

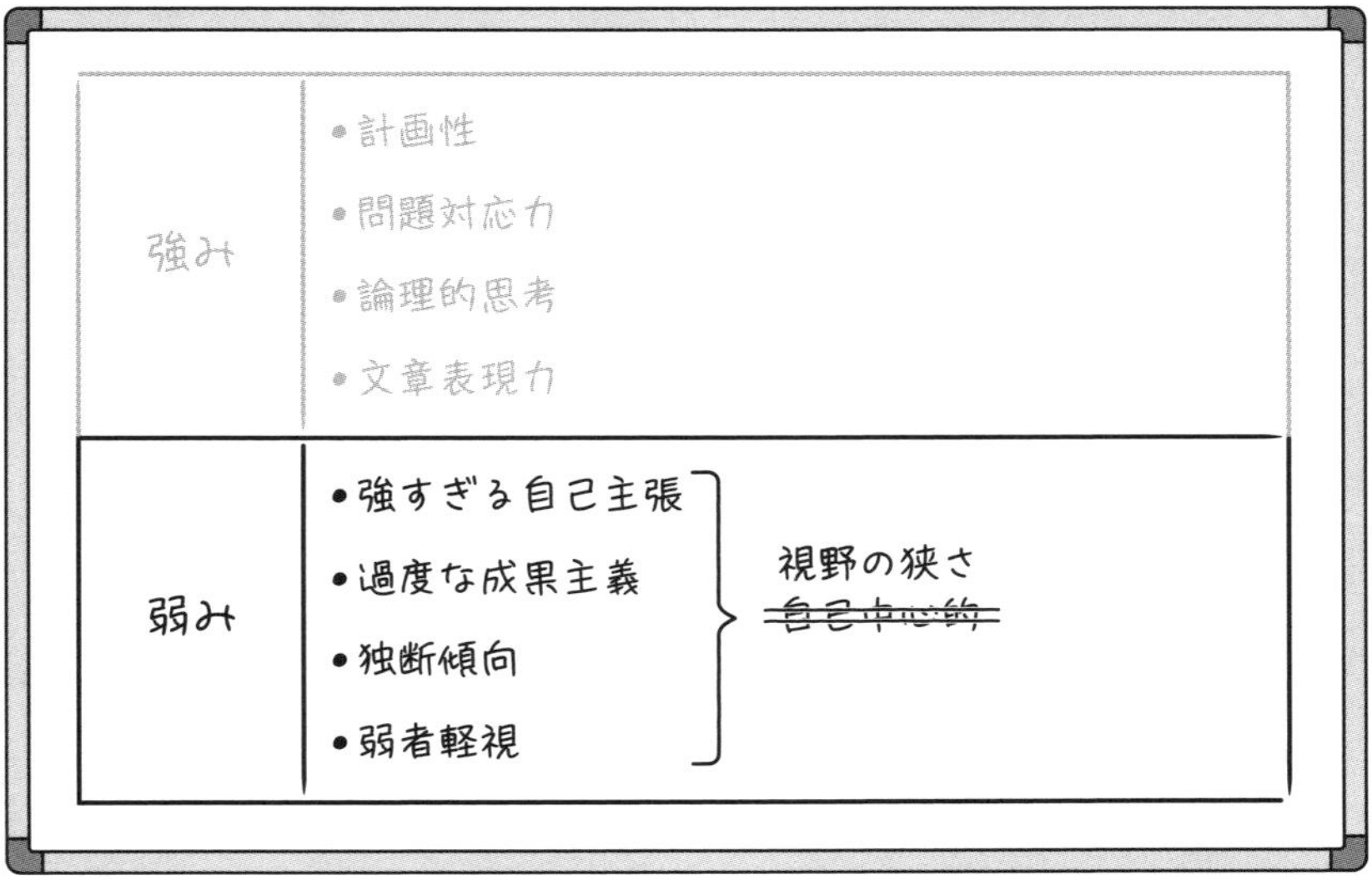


## 業務評価シート（255ページより）

| | | |
|---|---|---|
| 4 | 問題点と考察 | ・新入社員に分かりづらい表現があった<br>…それがわかりづらい表現だとは思わなかったのではないか？<br>…多様性への理解が不足しているのではないか？<br>・中間報告時に「完成に向けてのネクストアクション」が準備できていなかった<br>…それが必要だという認識がなかったのではないか？<br>…ケアレスミスをしやすい傾向があるのではないか？ |

根源的な弱みはありますか？

**八代さん**：そうですね、自分中心になるということは「**視野が狭い**」のかもしれません。

**夏木マネジャー**：日頃、自分自身の視野の狭さを感じるときがありますか？

**八代さん**：はい。しばしばあります。

**夏木マネジャー**：なるほど、では「**視野の狭さ**」としておきましょう。

---

前述の通り、弱みは一度にたくさん発見するのは控えましょう。

たくさん出てしまった場合は、会話例のように、共通点でまとめる方法や、優先順位をつけて絞り込む方法など、工夫してみてください。

ケースの例では「業務評価シート」の「④問題と考察」で挙げていた「多様性への理解不足」「ケアレスミスの多さ」については、今どうしても伝えるべき「弱み」だと判断するならば伝えてください。

そうでなければ、この時点ではいったん無視しましょう。

## ステップ⑦マネジャーの総評

次に、「マネジャーの総評」を伝えます。

この総評は、「いろいろとお話ししましたが、**要するにこう思っていますよ**」という「まとめ」なので、部下にとって**最も気になる重要な情報**です。

「業務評価シート」の「マネジャーの総評」欄をもとに部下に伝えますが、実際の面談の場で知った部下の業務姿勢や行動も加味して伝えるようにしましょう。

ケースの例では、次のようになります（グレーの部分が面談で知った内容に関する追加部分、傍線部分が上司としての気持ちの表れの部分で、いずれも業務評価シートには記載されていない内容です）。

- **改善点は若干ありましたが、期限内に業務が完了し、ユーザーの高い満足度を得られる資料ができました。全体として期待以上。よくできましたね。**
- **困難に対して創意工夫をしながら業務を遂行した経験は、八代さんにとって、何よりも貴重な体験だったと思います。視野の狭さという弱みに気づけたことも、貴重な気づきでした。**
- **業務遂行を支援しながら、八代さんの新しい可能性を発見できました。とてもうれしく思います。**
- **計画性という強みを活かしながら、さらに大きな仕事に挑戦してください。楽しみにしています。**

上司の気持ちのこもった、とてもいい総評です。

なお、ポジティブな総評ができる場合は気にしなくてよいのですが、ネガティブな総評をする場合は、いわゆる「サンドイッチ型」のフィードバックを心がけましょう。

サンドイッチ型のフィードバックとは、ネガティブな話題をポジティブな話題で挟むスタイルのフィードバックです。

次の例を参考にしてください。

- **困難に対して創意工夫をしながら業務を遂行した経験は、八代さんにとって何よりも貴重な経験だったと思います。とてもよく頑張ったと思います。(ポジティブ)**
- **一方、新入社員にわかりづらい表現で資料を完成させた点は、多くのユーザーからの不満足につながりました。業務指示の要件と違う行動をとる際は、事前に相談すべきでした。今後はこの点にしっかりと気を使うべきです。(ネガティブ……一番強調すべきポイント)**
- **しかし、今回の業務遂行を通して、そのような留意点に気づけたことは、今後の八代さんの業務遂行にいい影響を及ぼすと考えています。今後も上司として、必要があればサポートします。(ポジティブ)**

このように構成すれば、改善点を明確に伝えながらも、ポジティブな気持ちで、次の「行動変容」

に向かうことができます。ぜひ活用してください。

## ステップ⑧今後の行動変容（強み強化）

ここまでで明確になった強みや弱みをもとに、部下の「行動変容」を討議します。

「行動変容」というと、**よくないことを変える、減らす、やめる**、のように「よくないこと」にフォーカスしがちですが、**いいことを増やす、強化する**というのも、重要な「行動変容」の考え方です。ステップ⑧では、こうした「強みの強化」を討議します。

ここでは再びホワイトボード、またはA３用紙を活用します。それを見ながら、次のように進めましょう。

**今回の業務を通して、たくさんの「強み」が明確になりました。これらをもっと活かせば、さらなる成果に結びつくはずです。まず、「計画性」についてはどのように活かしていきますか？**

**（How の質問）**

このような How の質問に対しては、Why の質問と同様、なかなか意見が出てこず、沈黙が生じるかもしれません。沈黙を重苦しく感じるかもしれませんが、前述の通り、沈黙こそ部下が**新しい**

**部下の「強みを伸ばす」方法を検討する**

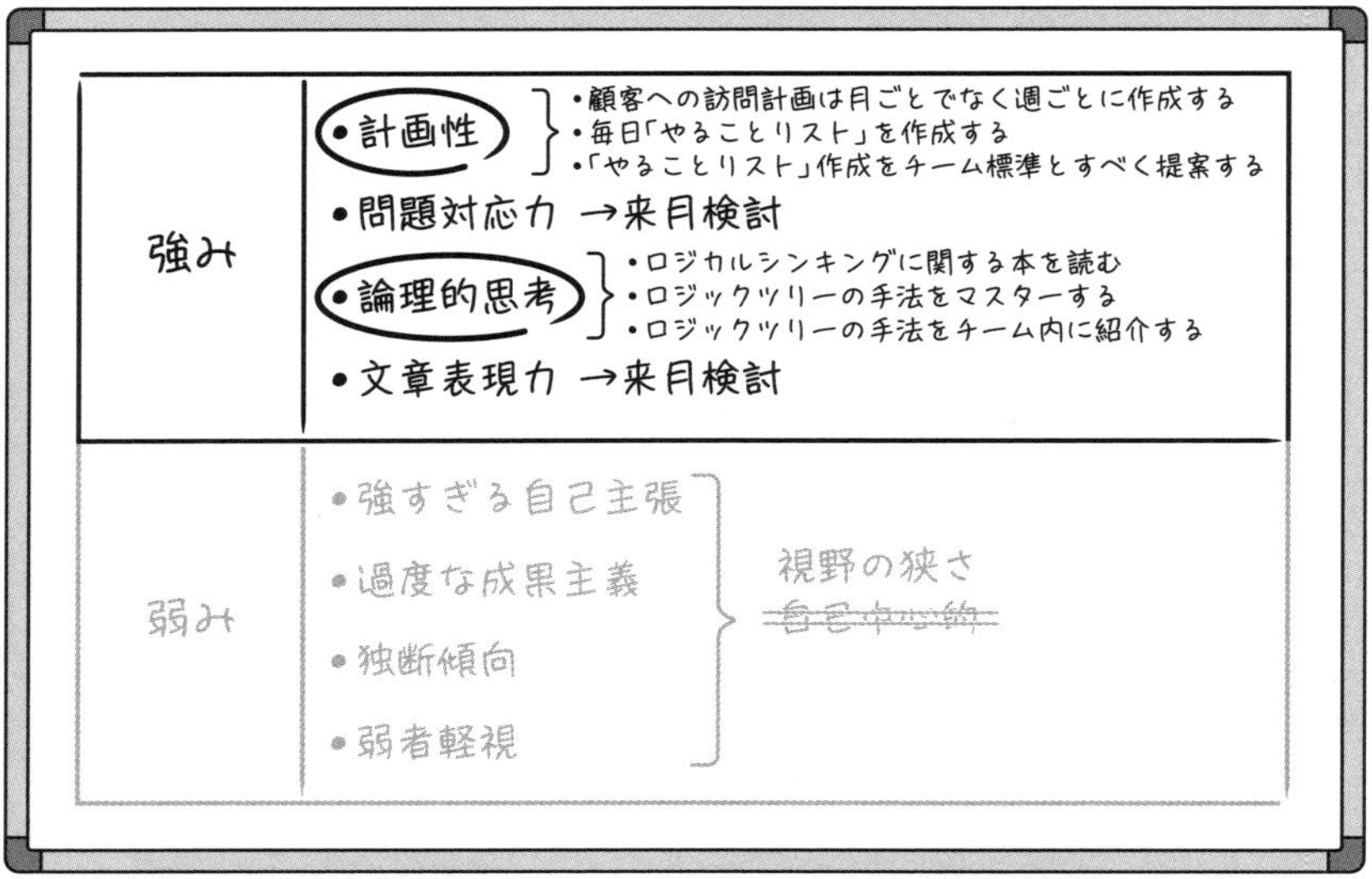


**ことを考えている証拠**です。学んでいる時間です。歓迎しましょう。

出てきた意見を、ホワイトボードやA3用紙に記入してください。きれいに書く必要はありません。単語、キーワードなどの走り書きでも構いません。

意見が出尽くしたら、行動変容のアクションプランを整理して文章化します。今回の例では、計画性を強化するための行動として、3つを決定しています。

**計画性強化の行動プラン**

- **顧客への訪問計画は月ごとでなく週ごとに作成する**
- **毎日「やることリスト」を作成する**
- **「やることリスト」作成をチーム標準とすべく提案する**

同じ手順で、ほかの強みについても行動プランを作成します。

ただし、明記したすべての強みについて実施する必要はありません。優先順位をつけて取捨選択をしてもいいですし、段階的にすべてを進めていくのでも構いません。

300ページの図では、計画性と論理的思考の強化はすぐに着手するが、問題対応力、文章表現力の強化については来月検討するというように「段階的実施」を選んでいます。

## ステップ⑨今後の行動変容（弱み対処）

続いて「弱み対処」を検討します。

強みの強化同様、次のような質問から始めましょう。

例：この業務を通して「視野の狭さ」という弱みを発見しました。この弱みによって業務に不都合が生じないようにするには、今後どんなことに注意すればよいかを一緒に考えましょう。

そのあとは、例えば次のような対話になるかもしれません。

夏木マネジャー：そもそも、なぜ視野が狭くなるのでしょうか？

八代さん：一人で仕事をしがち、だからじゃないでしょうか？

夏木マネジャー：一人で仕事をしがちなのはなぜでしょうか？

八代さん：一人でやりきる自信があるので、ほかの人と協働するのは少し面倒な気がしています。

夏木マネジャー：今までほかの人と協働したほうがよかったなと、思ったような経験はありましたか？

八代さん：実際にはありませんでした。

夏木マネジャー：なるほど。では、今後も協働する必要はないと考えているのでしょうか？

八代さん：そうではありません。実は最近、少し自分の能力に限界を感じる場面もあります。

夏木マネジャー：ほかの人の視点も必要だと思うということでしょうか？

八代さん：その通りです。

夏木マネジャー：なるほど。その気づき自体、とても貴重かもしれませんね。具体的には、どのように他者の意見を聞きますか？

八代さん：何か重要な意思決定をする際、事前に他者の意見を聞くことは効果的だと考えています。

夏木マネジャー：どういう人から意見を聞きたいですか？

八代さん：先輩、同僚の意見も貴重ですが、後輩から聞くことも効果的かもしれません。

**夏木マネジャー**：何人くらいに聞く必要がありますか？

**八代さん**：それぞれひとりずつから始めます。

**夏木マネジャー**：なるほど。事前の確認だけで大丈夫でしょうか？

**八代さん**：やはり仕事を実施したあと、同じ3人からフィードバックをもらうべきだと思います。

**夏木マネジャー**：具体的になってきましたね。では、どの仕事から始めますか？

**八代さん**：強みの強化で考えた「やることリストの作成」から始めたいと思います。

**夏木マネジャー**：わかりました。頑張ってください。

---

このような対話を通して、次のようなプランを立てることができました。

**視野の狭さへの対処行動プラン**

**●重要な意思決定の際は、最低3人の意見を必ず聞く**

**●自分の行動に対するフィードバックを同じ3人から必ずもらう**

**→上記「やることリスト」の提案行動に対するフィードバック入手から始める**

## 部下の「弱みに対処する」方法を検討する

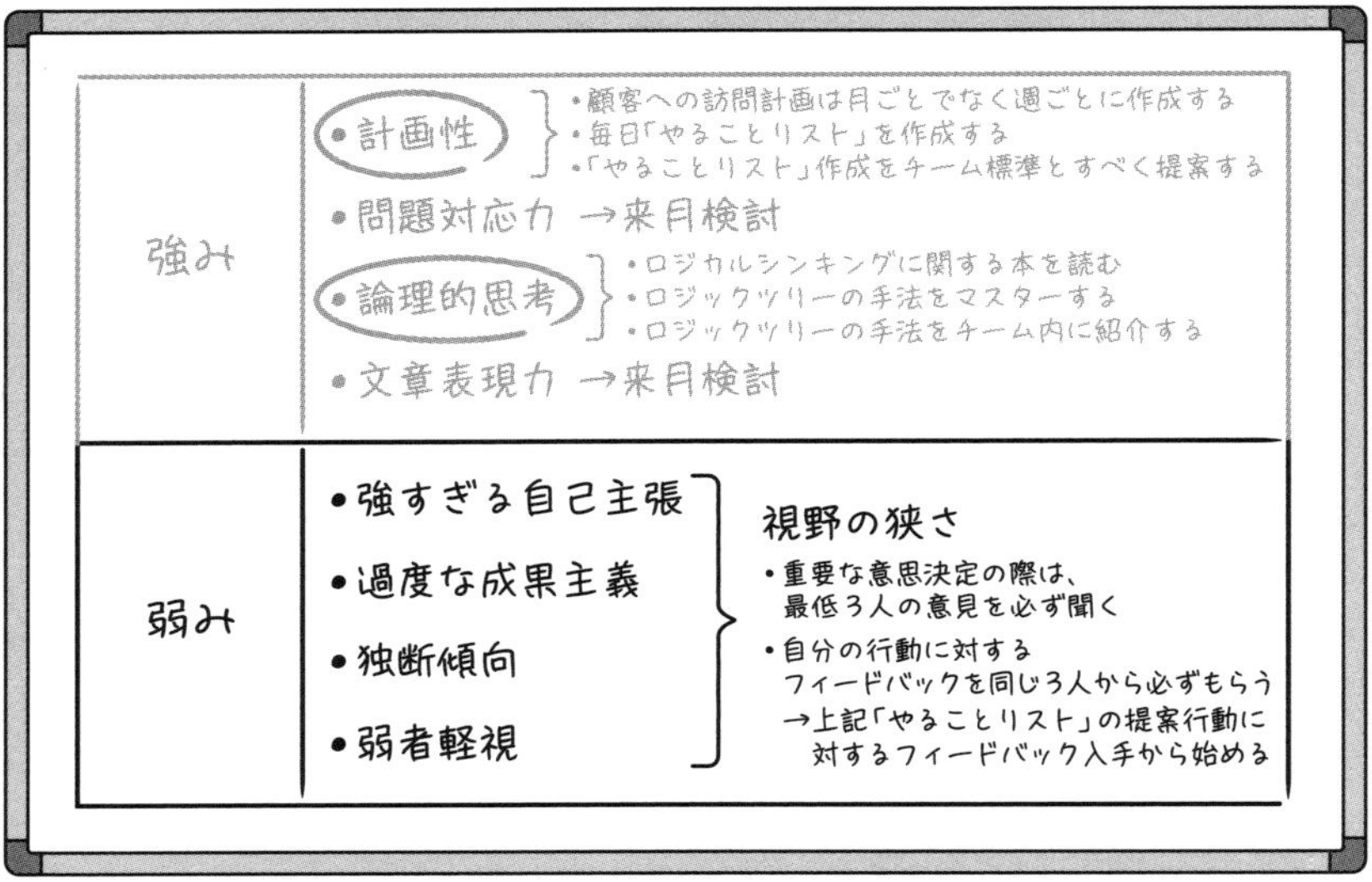


以上で強みの強化行動プラン、弱みの対処行動プランが完成しました。

ホワイトボードやA3用紙に表現されているものは、今回の業務を通して特定できた**「部下のよりよい未来を創る行動計画」**です。

なんと貴重なものでしょうか。部下とともにしみじみ眺め、こんなセリフを言ってみたらどうでしょうか。

例：八代さんらしい行動プランができましたね。

一つの業務遂行を通して、ここまでの行動プランができるというのは、とても素晴らしいことです。八代さんが積極的に意見を出してくれた成果ですね。今後は、これらの実践に尽力してみてください。私も必要に応じてサポートします。

なお、こうして決まった行動プランは、部下用自己評価シートの「強み強化」「弱み対処」欄

（264ページ）に記入するよう指示してください。または、ホワイトボードやA3用紙を、写真に撮ってもらいましょう。

ステップ⑨までで、「評価面談」の中核部分は終了です。

今、部下は、業務遂行から学び、強み強化策、弱み対処策を特定し、行動変容に向かっています。

## ステップ⑩学びの確認

ステップ⑩では「学びの確認」を行います。業務に直接関係していない内容も含めて、「総合的な学び」を確認することが目的です。この段階では、もはや「評価」ではなく、親身な上司モードで進めることが大切です。誤解を恐れずに言えば「雑談」に近いものですが、非常に重要な雑談です。

例：「**今回の業務を通じて、どんな学びがありましたか？**」

このようにシンプルな質問から始め、部下の回答に耳を傾けましょう。

部下の言葉をしっかりと傾聴し、学びを祝福し、称賛することがポイントです。

例えば、次のような言葉で、学びを共有しながら喜びを表現してください。

「**そういうことを学んだのですね。それは素晴らしいですね**」

**「その学びは貴重ですね。これからの仕事に活きると思います」**

**「それはつらい経験だったかもしれませんが、今学べたのはとても大きなことですね」**

こうした言葉で、部下が得た学びを積極的に肯定し、励ましましょう。

この段階での傾聴する姿勢は、非常に重要です。親身に耳を傾け、部下の話を遮らないことで、信頼関係をさらに深めることができます。評価モードではなく雑談モードで進めるからこそ、上司と部下が対等の立場で喜びを共有できるのです。

## ステップ⑪その他の確認

ここまでの話の中で確認できなかったことがあれば、確認しましょう。業務評価シートの「その他の確認事項」欄に記載した内容の中に、確認したい項目があるかもしれません。

「業務評価シート」では、次のような内容を記載していました。

- **仕事を通して人脈が増えたか？（10人増えたか？）**
- **チーム貢献を実感できたか？**
- **どんな学びがあったか？**

ただし、ここまですでにかなりの時間を費やしていますので、確認は必要なものに絞りましょう。

## ステップ⑫面談の感想を聞く

評価面談は、部下の成長のための時間です。したがって、評価面談の**評価は部下が決める**ことになります。

必ず感想や満足度を聞いて、面談評価を確認してください。シンプルに聞きましょう。

例：今日の面談はどうでしたか？　満足な内容でしたか？

### 満足度低めな場合

この質問に対して「あまり満足できませんでした」とストレートに答える部下は滅多にいないと思います。したがって、満足したかどうかは、部下の言葉よりも**表情や声で確認**するようにしましょう。１７６ページのメラビアンの法則を思い出してください。

暗い表情で「まぁまぁ満足できました」などと部下が言うようであれば、「そうですか、よかったです。ちなみに『ここは少し満足できないなぁ』と思える点があるとすればどこでしょうか？」などのように進めて、部下が言えないでいる不満足な点を、コーチングで親身に引き出してください。

不満足だと感じている点が、**「評価が事実ベースではなかった」**、**「評価基準以外で評価された」**など、重大なポイントであれば、その部分まで戻って、改めて話をする必要があります。

一方、重大なポイントではなく、**「いろいろ難しい質問があったので、答えるのが大変だった」「行動変容のプランが自分にできるかどうか正直言って自信がない」**などのような**感想程度のもの**であれば、**そういう難しい質問に頑張って答えたことを賞賛**したり、**まずは自分を信じて実行してみよう**、などのように励ましたりしましょう。

もはや面談の終盤なので、ここからあまり時間を使いたくありませんが、部下の顔が依然として暗かったり、元気がなかったりという状態を維持しているのであれば、もう少し話を続けるべきかもしれません。的確に状況判断をしてください。

ちなみに、次のような面談をした場合、部下の満足度は低くなります。

- **評価が事実ベースでない**
- **事前に決めていた評価基準以外で評価された**
- **いい点よりも悪い点の指摘に終始していた**
- **まったく褒められない**
- **上司が不機嫌そう**

- **上司が傾聴していない**
- **上司の質問が尋問調**
- **終始、上司のパワーモードで率直な意見が言いにくい**
- **行動変容について上司の考えを強要された**
- **時間が長い（予定時間通りに終わらない）**

こうならないように、十分注意してください。

**満足度高めな場合**

あなたがステップ⑪までをしっかり展開すれば、その面談に対しては概ね高い満足度を得られるはずです。きっと部下は**「満足でした。とても話しやすかったです」などと笑顔で言ってくれる**でしょう。あなたも、うれしい気持ちになるはずです。

しかしこのとき、「そうですか、それはよかったです」などと簡単に終わらせず、**「どういう部分で話しやすさを感じたか詳しく教えてくれますか？」**と深掘りしてください。そうすると、次のような回答があるかもしれません。

- **私が答えられずに考えているときに、「ゆっくり考えていいよ」と言ってくれました。**
- **常にうなずいて聞いてくれているので、安心して話せました。**

**・なぜなのかではなく、何が問題なのだろうと聞いてくれたので冷静に考えられました。**
**・いつもより笑顔が多かったので、楽しく話せました（笑）。**
このようなコメントは、部下からの貴重なフィードバックです。

このフィードバックには、次のような3つの価値があります。

## 上司としての学習

まず、当該部下がどういうポイントで「話しやすさ」を感じるのかを知ることができました。上司としての貴重な学びです。

## モチベーション向上

次に、上司としてのモチベーションが上がります。「あ、そこを見ていてくれたのか！」「お、狙い通り安心感を与えられていたんだな」などと具体的に喜べます。上司になると「褒められる機会」が少なくなるものです。

このような、部下からのポジティブ・フィードバックはあなたの心に少なからず響くはずです。

## 部下への印象づけ

話しやすかった点を部下に言語化してもらうことで、「私の上司は面談の中で、『ゆっくり考えていいよ』と言ってくれて、常にうなずいて聞いてくれて、何が問題なのだろうと聞いてくれて、笑顔で話を聞いてくれる上司だ」ということが**「部下自身の脳にインプット」**されるのです。

換言すれば、**「上司像を自分でラベリングした」**のです。

この部下は今後誰かに「あなたの上司ってどういう人ですか」と聞かれた際、「笑顔でじっくり話を聞いてくれる人です」と表現する可能性が高くなるのです。

**「どういう部分で満足だったのか、詳しく教えてくれますか?」**と必ず聞きましょう。貴重なフィードバックがもらえます。メモを取りながら聞くべきです。

## ステップ⑬面談のクロージング

評価面談は無事終了です。面談をクロージングしていきましょう。

例:では今日の業務評価面談は以上です。いろいろと話ができてよかった。面談を通して、八代さんの深い考えを知ることができて、とても有意義でした。忙しい毎日ですが、体調に気をつけながら、八代さんらしく、楽しく仕事をしてくれたらうれしいです。今日は、ご苦労さまでした!

「終末効果」という言葉をご紹介しました。人は他者と別れたときの最後の印象を次の面談まで持ち続けるというものです。本書ではもう3回目のご紹介です。

心を込めて、満面の笑みで、元気な声で大切な部下を送り出してください。

部下が部屋を出てからも、5分くらいは消えないような笑みで……。

以上が、「業務評価面談ステップ」です。

ここまでの各ステップでの所要時間も参考までにご紹介します（272ページ）。

- ステップ①～③までは「**セットアップ**」パートです。

面談の重要部分に向けての助走部分です。12分間をあてています。

- ステップ④～⑦は、本文でもご案内した通り「**フィードバック**」パートです。

成果をしっかり確認するので、最大の25分をあてています。

- ステップ⑧、⑨が「**コーチング**」パートです。

部下に質問し傾聴しながら部下の中にある「答え」を引き出しましょう。15分をあてています。

●ステップ⑩～⑬までは**「信頼関係づくり」**パートです。

評価も行動プラン策定も終了したあとの「価値ある雑談」パートです。

親身な上司というより、もっと目線を下げて、**対等の立場**で仕事の余韻を楽しみ、親的な面を露出させ、部下に自己開示する時間です。信頼関係構築には最高の時間です。8分間を、上手に活用しましょう。

この通りにいくわけではありませんが、1時間の面談であれば、これくらいの時間配分が適切です。逆に言えば、この面談をしっかり実施するためには、最低1時間は必要だということです。

以上が、評価面談に関する理想的な運営方法です。

このように丁寧に評価面談の準備をし、実行するということは、忙しいあなたにとってハードルの高いことかもしれません。

しかしそれでも私は、ぜひこれを実践してほしいと考えています。

なぜならば「的確な評価」は、部下育成のために必須、いや、部下育成そのものだからです。

したがって、今回ご案内した評価面談に関するプロセス、あるいは項目において、安易に割愛していい項目は存在しません。皆さんに与えられた時間との折り合いの中で、**濃淡をつけつつも、す**

**べての項目を網羅**して進めてください。

## 信頼関係づくりの重要性

さらにもう一つ、重要なポイントをお話ししておきたいと思います。

それは面談ステップの最後のブロックの信頼関係づくり（ステップ⑩から⑬）を重要視してほしいということです。

本書でご案内している「戦略的な仕事の任せ方」の最後の8分間が、この信頼関係づくりで締めくくられている点は、非常に重要なポイントです。これはあなたにとって、**部下との信頼関係づくりが何よりも重要**なのだということを示唆するものです。

改めてお伝えするなら、**戦略的に仕事を任せることの意義**は、次の4つです。

- **あなたがやるべき仕事に集中できる**
- **部下が育つ**
- **会社の生産性が上がる**
- **部下との信頼関係が向上する**

このうちの4つめに注目してください。違和感を覚えますか？

もしも違和感を覚えないとしたら、忍耐強く本書をここまで読んでいただいたあなたのバージョンアップはすでに完了したといえます。

一般的には、部下に仕事を任せることと、部下との信頼関係の構築との間に、深い関係性が語られることはないからです。しかし、それは誤りです。

ぜひ再認識してください。

**仕事を任せるということは、信頼関係の構築に強く役立ちます**。

しかし、その絶対必要条件は「公平な評価」です。だから、この評価面談が重要なのです。割愛できるものではないのです。最高の評価面談を実施することに、こだわりを持ってください。

信頼関係は、築くものではありません。**築き続けるもの**です。

信頼関係に完成形はありません。それこそ、常にバージョンアップが必要です。評価面談のたびに信頼関係を深めるべきですし、それが可能です。

そのように、重要な「信頼関係」の深化のために、最後にもう一つの大切なアクションがあります。

それは、**部下の成功事例を共有する**ということです。

## 成功事例の共有

成功事例を共有するということは、今回あなたの部下が実行した仕事の成果を社内のほかの人たちと共有する、ということです。

あなたの部下がどんなことに苦労し、どんないい成果を上げたのか、どんな学習をしたのか、などを共有するのです。

チームミーティングや、社内報など、いろいろ工夫して共有してみてください。

このような活動は、成功事例を生み出した当該部下にとって、とても誇らしいことです。よって、そのような共有をしたマネジャーに対しては、いっそうの好感を持ち、さらに信頼の度合いを上げていくでしょう。

成功事例の共有は、「戦略的業務指示」が目的の一つとしている「部下との信頼関係向上」の総仕上げのアクションです。

**戦略的業務指示は、必ず「成功事例の共有」で締めくくってください。**

「そこまでして信頼関係を構築する必要があるのか」という質問には、私はこう答えます。

**「その通りです」**

信頼関係は「空気」のようなもの。空気がなければ「音」が伝わりません。

それと同じように、あなたと部下の間に「信頼」という空気があるからこそ、あなたの「思い」や「指導」が部下に伝わるのです。

だからこそ、部下との間に「新鮮な空気」を常に満たしておくよう、あらゆる機会を活用しましょう。

そういう意識をもって行動することは、案外「楽しいこと」です。実際にやってみれば、その楽しさに気づくはずです。

以上が、あなたにお伝えしたい「仕事の任せ方」のすべてです。あとは、行動あるのみです。

本書の冒頭で「任せる」と決めていたはずですよね！

部下は、あなたの「戦略的業務指示」を待っていますよ！

## コラム
# もっと相談をしましょう！

「報・連・相（報告・連絡・相談）」の重要性は、多くのビジネスパーソンにとって共通の原則です。しかし、この話をすると「報告」には熱心な人が多い一方で、「連絡」や「相談」は軽視されがちだと感じます。

そもそも、「報・連・相」にはそれぞれ明確な目的があります。

**報告**：業務の進捗や結果を上司に伝える
**連絡**：関係者に必要な情報を共有する
**相談**：意思決定に関して意見やアドバイスを求める

このように、報告・連絡・相談は、それぞれ異なる役割を持っています。にもかかわらず、「報告さえしっかりすればよい」と考えるのは、連絡や相談をおざなりにしてしまうことになります。

特に「相談」については、もっと積極的に活用すべきです。

というのも、現代のビジネスはますます複雑化、多様化しています。仕事を進める中で壁にぶつかることは珍しくありません。

本来なら相談すべき場面があるはずなのに、それに気づかないとしたら、「課題発見力」が不足しているのかもしれません。

あるいは、そもそも相談が必要になるような高度な仕事に挑戦していない可能性も考えられます。

成長のためには、相談が必要になるようなレベルの高い仕事を積極的に引き受けるべきです。

管理職の中には、「上司に相談するのは好ましくない」「自分で解決することが大切だ」と考えている人もいます。

過去に「いちいち相談せず、自分で問題解決しなさい」と言われた経験があるのかもしれません。

しかし、これは誤解です。

適切な相談をすることで、よりよい判断ができるようになります。

ただし、相談の仕方には工夫が必要です。

「問題が発生しました。どうすればいいでしょうか？」と丸投げするのではなく、以下のように整理するとよいでしょう。

**現状**：「この課題について、○○という問題が発生しました」
**分析**：「原因は△△であると考えています」
**解決策**：「打ち手としてA案、B案を考えました」
**意見**：「私はA案が有効だと考えています。ただし、実行には●●のリソースが必要です」
**判断の依頼**：「A案で進めたいと思いますが、ご判断をお願いします」

このようなスタイルで相談すれば、「主体性のある相談」となり、むしろ評価されるでしょう。


相談には、もう一つのメリットがあります。

それは「上司が喜ぶ」ということです。

皆さんが相談をすれば、上司はなんらかの答えを出すでしょう。

その結果、あなたは「ありがとうございます。とても参考になりました！」と感謝するはずです。

上司は普段、部下から感謝される機会が少ないこともあります。

しかし、あなたが相談することで「頼られている」「役に立っている」という実感を持ち、自己効力感が向上します。

つまり、上司と部下の関係をよりよくする効果もあるのです。


もちろん、「上司を喜ばせるために相談しよう」と言いたいのではありません。

「相談は迷惑をかけるもの」「相談するのは自分が未熟だから」と考えるのは誤解です。

むしろ、的確な相談はビジネスにおいて不可欠なスキルです。

もっと積極的に相談しましょう！

# おわりに

本書を最後までお読みくださり、ありがとうございます。

仕事を任せて部下を育てるというテーマを「仕事の任せ方大全」としてご紹介できたことを、心からうれしく思います。このテーマは、マネジャーにとって最も困難かつ重要な挑戦ですが、同時にそこにこそ大きな成長と成果があると確信しています。

本書では、多くのテンプレートや具体的な手法をご紹介しました。テンプレートを使うことに違和感を覚える方もいらっしゃるかもしれません。しかし、テンプレートは経験や感覚に頼るだけでは見えづらい課題を明確化し、解決の糸口をつかむための強力なツールです。慣れるまでは戸惑うこともあるかもしれませんが、ぜひ一度お試しください。その中で得られる発見が、あなた自身の新たな可能性を引き出すはずです。

また、「戦略的業務指示」を実践する上で、その内容のみならず「伝え方」も極めて重要です。

本書では、マネジャーの「言葉選び」ばかりでなく表情、雰囲気といった非言語的なメッセージの重要性を強調しました。例えば、部下が困難な業務を抱えている際、言葉だけでなく「うなずき」「微笑み」「穏やかな声のトーン」といった態度を示すことで、部下は「この上司は本当に私を気にかけてくれている」と感じられるものです。こうした配慮は、部下の自信を強め、よりよい結果に結びつきます。

この考え方の背景には、私自身の経験があります。32年間企業で働き、そのうち27年間を管理職として過ごしてきた中、私は長らく「部下に正解を教えること」に重きを置いていました。部下に寄り添い、個々の特性を活かすことの大切さに本当の意味で気づいたのは、キャリア後半になってからです。この気づきが遅かったことを、今でも残念に思っています。だからこそ、皆さんには**「教育者」として正しいことを伝える視点と、「伴走者」のように部下に寄り添う視点の両立**を、意識していただきたいと願っています。

これからのマネジメントには、バランス力が求められるでしょう。

- **ティーチングとコーチング**
- **厳しさと優しさ**
- **論理と共感**
- **全体の成果と個人の成長**

・マネジメントスキルとリーダーシップスキル

このようなバランスをとることは決して簡単ではありません。しかし、これらを意識しながら行動することで、部下との信頼関係が深まり、チーム全体の成長に大きな影響を与えられるはずです。

どうか心にとめていただければ幸いです。

皆さんに最後の提言をお伝えします。それは、**「いいよ」を「もちろん」に変える、**ということです。

例えば、部下から「マネジャー、今お時間ありますか？」と尋ねられたとき、あなたは「いいよ」と答えているかもしれません。この言葉を「もちろん」に変えてみてください。「もちろん」と答えることで、部下は「このマネジャーは私の相談をいつでも歓迎してくれる」と感じ、いわゆる心理的安全性が高まります。

一方、「いいよ」という返事では、「たまたま今はいいけれど、次回は断られるかもしれない」「本当は忙しいのに無理して対応しているのかもしれない」といった不安を与えている可能性があります。

マネジャーが「もちろん」と答える姿勢を一貫して見せることで、部下は安心し、相談しやすい雰囲気が生まれます。この小さな工夫が、チームの信頼感を育み、より強固な協働文化を築くカギとなります。

「戦略的業務指示」を受けた部下が、壁にぶつかってあなたに相談を持ちかけたとき、必ず「もちろん」で対応してくださいね。

「もちろんに変える」は、私が研修で紹介する「鉄板ネタ」の一つですが、多くのマネジャーからも「大きな効果があった」との声をいただいています。ぜひ試してみてください。

さて、本書でご紹介した内容は、私が実施している「仕事の任せ方研修」や「コーチング研修」と深くつながっています。もしご興味をお持ちいただけたならば、ぜひお気軽にご連絡ください。

本書の内容を貴社研修用にアレンジし、より実践的な形でお届けすることも可能です。

本書が、少しでも多くのマネジャーの方々の成長のきっかけとなり、未来の組織をよりよいものにする一助となることを願っています。

皆さまの成功と、さらなるご発展を心から祈りつつ、筆をおきます。

加藤　定一

# 本書のまとめ

## 第1章 自分の仕事を分析する

- 実は「自分の仕事ではない業務」が多い
- 「重要・緊急マトリックス」で業務を仕分ける
- マネジャーは、組織の成果に直結する本番業務と、将来の成果につながる第2領域（育成・改善・仕組みづくり）に集中する
- それ以外の業務は、削減・委任を徹底する

MEMO

## 第2章 任せる仕事を決める

- 削減・委任を検討するために、業務を種類ごとに整理し、適切に判断する
- 第1領域（即時対応）

——上司の立場が必要な業務は継続し、立場が必要ないものは部下に任せる

——緊急対応のための間に合わせ業務は、自己管理で削減し、部下には任せない

- 第3領域（他者都合）

——急な要望対応・定型業務は、部下の成長機会を示して任せる

——上司が抱え込んでいる業務は、合理性があれば協力依頼として任せる

- 第4領域（時間の浪費）

——価値が低く、不必要な業務なので、任せずに削減する

MEMO

## 第3章 任せる部下を決める

- 適任者を選ぶために、部下の強み・弱み・価値観・適性を理解する
- 部下のタイプに応じて任せ方を調整する（向いている部下と、成長が必要な部下では任せ方が異なる）
- ５つのタイプを理解し、それぞれに適切な方法で任せる
- 緊急時は、一時的に対応できる人に依頼する（救世主的な役割）

MEMO

## 第4章 仕事を任せる（戦略的業務指示）

- 適任者を選んだら、明確な業務指示を行なう
- 部下育成を意図した業務指示を「戦略的業務指示」とする
- 指示の抜け漏れを防ぐため、「業務指示テンプレート」を活用する
- 指示は１対１で簡潔に伝え、部下が受け入れやすい環境を整える

MEMO

## 第5章 業務遂行状況を把握する

- 指示を出したあとも、業務の進捗を適切に把握する
- 「順調です」を鵜呑みにせず、具体的に確認する
- 進捗に問題があれば、「問題解決支援コーチング」を実施する
- 部下が話しやすい環境を整え、問題を引き出し、解決策をともに考え、前向きに取り組めるよう支援する

MEMO

## 第 6 章 業務遂行に介入する

- 任せた業務には極力介入せず、部下の主体性を尊重する
- ただし、業務が滞る、不安な行動が見られる、部下の元気がない場合は介入を検討する
- 介入は最小限にとどめ、部下の達成感や自己効力感を損なわないよう配慮する
- 状況に応じて、助言・支援・直接介入など段階的に対応する
- 業務指示の取り消しは最終手段とし、理由を伝え、部下の成長を妨げないよう配慮する

MEMO

## 第7章 成果確認と評価面談準備

- 任せた業務の成果を確認し、受け取るか判断する
- 業務要件を満たしていない場合は、差し戻し・修正・そのまま受理のいずれかで対応する
- 差し戻す際は、具体的な修正点を伝え、自己効力感を損なわないよう配慮する
- 上司が修正する場合は、必要最小限にとどめ、修正箇所を部下と共有する
- 評価面談の準備を徹底し、上司・部下ともに評価シートを活用する

MEMO

## 第8章 評価面談で育成する

- 評価面談は「戦略的業務指示」の総仕上げであり、部下の成長を促す重要な場となる
- 面談ステップに沿って丁寧に進め、成果の確認・評価・今後の成長につなげる
- 強みを伸ばし、改善点を明確にし、次の行動につなげる
- 面談後は、部下の成果を周囲に共有し、信頼関係を深める

MEMO

## 特典ダウンロードのご案内

本書で紹介した表やテンプレートを、ダウンロードできる特典をご用意しました。業務の整理、部下への業務指示、評価面談の準備など、実践に役立つ資料を、ぜひご活用ください。

- ☑ 仕事の仕分けに役立つ「**業務整理クイックチェック**」
- ☑ 的確な業務指示のための「**戦略的業務指示テンプレート**」
- ☑ 業務の完了を確認できる「**業務完了報告テンプレート**」
- ☑ 進捗管理・フォローに活用できる「**モニタリングシート**」
- ☑ 評価面談の準備に役立つ「**評価シート**」 など

https://x.gd/rNs1W

上記のQRコードを読み取り(パソコンの場合は上記のURLより)、専用ページへアクセスしてください。データはPDF形式、並びにエクセル形式でダウンロード可能です。

- 特典の配布は予告なく終了することがあります。
- 社内研修やチームでの活用も可能ですが、無断での再配布、商用利用はご遠慮ください。
- 利用に関するご質問や不具合がございましたら著者までお問い合わせください。

プレイングマネジャーの「仕事《しごと》の任《まか》せ方《かた》」大全《たいぜん》

著　者――加藤定一（かとう・ていいち）
発行者――押鐘太陽
発行所――株式会社三笠書房
〒102-0072 東京都千代田区飯田橋3-3-1
https://www.mikasashobo.co.jp
印　刷――誠宏印刷
製　本――若林製本工場

ISBN978-4-8379-4027-2 C0030


本書へのご意見やご感想、お問い合わせは、QRコード、
または下記URLより弊社公式ウェブサイトまでお寄せください。
https://www.mikasashobo.co.jp/c/inquiry/index.html